DAILY
法学選書

ピンポイント
デイリー法学選書編修委員会 [編]

会社法

三省堂

はじめに

　会社法は、設立や機関、たとえば株式会社において主要な資金調達の手段である株式発行に関する規制など、会社が従うべき規定を置いています。

　会社には、株主などの投資家や、会社と取引を行っている会社債権者など多くの利害関係人がいます。会社法は、これら利害関係人との間の法律関係についても、利害を調整するためのルールを多く規定しています。会社法を初めて学習する人の中には、条文の数が非常に多く、機関設計なども細かい規定が置かれているので、思うように学習が進まないと感じる人もいると思います。膨大な規定の中から、会社法の骨格ともいえる基礎となる事項を絞り込み、繰り返し学習を続ける姿勢が大切です。また、会社法は実際の経済社会と切り離して理解することはできず、常に具体的な事例を意識することが重要です。

　本書は、初めて法律を学習する人を対象に、読みやすく、無理なく会社法全体の重要な知識が習得できるように構成された入門書です。特に法制度の「幹」になる部分の解説に重点を置いています。判例・学説の対立についても、細かい議論に立ち入るよりも、その背景にある問題の所在を明らかにして、考える筋道を提示するように心がけています。

　本書を通読していただいた上で、今後、より詳細な体系書などの学習へと進んだ場合に、混乱することなく、スムーズに内容を理解できるように、本書では、土台になる徹底した基礎内容を丁寧に解説しています。

　本書を日常学習のお役に立てていただき、次のステップへの架け橋として活用していただければ幸いです。

デイリー法学選書編修委員会

Contents

はじめに

第1章 会社法の全体像

1	会社とは	8
2	会社の種類	10
3	会社法と商法との関係	12
4	商法のしくみ	14
Column	商業登記簿	18

第2章 設　立

1	株式会社とは	20
2	定款の作成	24
3	定款の相対的記載事項	26
4	社員の確定と出資の履行	28
5	発起人と設立中の会社	32
6	事後設立	34
7	会社設立に関する責任	36
Column	法人格否認の法理	38

第3章 機　関

1	株式会社の機関	40
2	コーポレート・ガバナンス	42
3	機関設計	44
4	株主総会の権限や決議方法	48
5	株主総会の議決権	52
6	株主提案権	56
7	株主総会の運営	58
8	株主総会の決議に間違いがあった場合	62
9	取締役会と取締役の関係	66
10	取締役の権限	68
11	取締役会の決議	70

12	特別取締役による取締役会決議	72
13	取締役の人数・資格・任期	74
14	取締役の選任・辞任・解任	76
15	取締役と会社の関係	78
16	取締役の個別的責任	80
17	競業取引と利益相反取引の規制	82
18	取締役の任務懈怠責任を緩和する規定	86
19	取締役の責任が推定される場合・経営判断の法則	88
20	取締役の第三者に対する責任	90
21	取締役の違法行為を是正する手段	92
22	代表取締役	94
23	表見代表取締役	96
24	指名委員会等設置会社	98
25	監査等委員会設置会社	102
26	監査役	104
27	監査役会	106
28	会計参与	108
29	会計監査人	110
30	それぞれの役員の関係	112
31	報酬等の決定	114
32	違法な行為と刑罰	116
Column	執行役員と執行役は別もの	118

第4章　株　　式

1	株式と株券の関係	120
2	種類株式	122
3	1株に満たない端数と単元株制度	126
4	株主と会社の法律関係	128
5	株式の譲渡制限	130
6	株主の監督是正権	132

7	株主名簿	134
8	自己株式の取得	136
9	株式の消却・併合・分割	140
Column	総株主の議決権、発行済株式ってどんなもの？	142

第5章　会社の会計・資金調達

1	会社の会計と計算書類	144
2	会社財産の払戻し	146
3	剰余金の配当等に関する責任	148
4	資金調達	150
5	社　債	152
6	新株の発行	154
7	新株発行に不備があった場合	156
8	新株予約権	158
9	ストック・オプション	160
Column	「資本の部」の計算とその変動	162

第6章　組織再編

1	組織再編行為	164
2	事業譲渡	166
3	合　併	168
4	会社分割	170
5	株式交換・株式移転	172
6	組織変更・定款変更	174
7	親子会社	176
Column	なぜM＆Aをするのか？	178

第7章　会社をめぐるその他の法律や制度

1	解　散	180
2	清　算	182
3	株主代表訴訟	184
4	多重代表訴訟	188
5	登記・公告	190

第1章

会社法の全体像

1 会社とは

会社とは

　会社は、共同企業のひとつの形態です。共同企業の形をとることのメリットは、資本の結合と危険の分散という点にあると考えられています。「資本の結合」とは、たくさんの資金を集めることです。「危険（リスク）の分散」とは、事業による損失などの負担をわかちあうことができるということです。

会社の法的性質

　会社を、法的な言葉で表現すると「営利を目的とする人の集団で、法人格をもつもの」ということができます。

① 営利とは

　「営利」とは、事業活動によって、会社が利益を得ることと、会社が得た利益を出資者に分配することの両方を含みます。

② 人の集団とは

　会社は、共同企業のひとつですから、複数の出資者の集まりだといえます。もっとも、この「人の集団」は、一定の団体としての組織をもつもの（社団）でなければなりません。なお、会社が人の集団であるといっても、出資者が1人しかいない「一人会社」を設立することも原則可能です。

③ 法人格とは

　「法人格」（法人）とは、生身の人間（自然人）とは別に、法によって認められたひとつの独立した権利義務の主体です。会社は、法人格をもつため、会社自身の名で行動することができますし、会社として出資者個人の財産から独立した財産をもち、

8

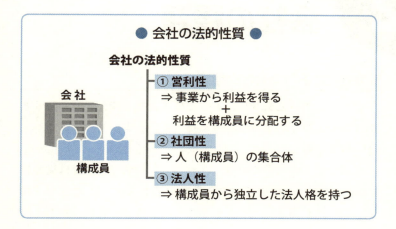

会社自身の名で権利を得たり、義務を負担したりします。

会社法の基本的な構造とは

　会社法は、会社の健全な発展・維持のために、「経営の効率化」を図りつつ、「経営の適正化」をめざして、さまざまな規定を設けています。具体的には、株式会社を中心に、会社の設立、組織、運営、管理などに関する規定を置いています。

　株式会社の「設立」については、財産的基盤の整った健全な会社を作るために必要な手続などを定めています。「株式」については、会社や出資者のニーズに合わせて、多様な種類の株式を用意し、株式の発行の手続、株式の譲渡、株券などを定めています。「機関」については、会社の規模・実態に応じた多様な組み合わせを可能にするために、各種機関を用意し、その構成・権限・責任などを定めています。「会計」については、会社の財務状況を明らかにし、配当の財源について規制をするために、帳簿や計算書類などの作成を義務づけています。

2 会社の種類

会社法における会社の種類

　会社法における会社は、大きく株式会社と持分会社に区分されており、以下のような特徴を持っています。

① 株式会社

　株式会社の基本的な特徴は、社員（一般的な用語では従業員のことです。会社法では出資者を意味します）の地位が「株式」で表されるということが挙げられます。社員が、たとえば会社に対して資金を貸し付けた銀行など（債権者）に対して、会社が支払うことができない場合でも、出資額を限度として間接的に責任を負うにすぎません（間接有限責任）。また、大規模な会社から小規模な会社まで選択の幅が広く、会社法上は、大会社、公開会社、非公開会社、取締役会設置会社などの区別があります。

　株式会社においては、退社の制度を認めない代わりに、社員である「株主」が、原則としていつでも株式を第三者に譲渡して、出資した額を回収できることにしています（株式譲渡自由の原則）。そのため、株主の入れ替わりが激しく、人的な個性は弱いともいえます。

② 持分会社

　持分会社の特徴は、内部設計が自由であり、社員は原則として業務執行権や代表権をもつという点にあります。ただ、社員の責任によって、その種類が次の3つに分けられています。

ⓐ 合名会社

　債権者に対して直接すべての責任を負う（直接無限責任）と

第1章 ■ 会社法の全体像

```
● 会社法における会社 ●

会社の種類
┌ 株式会社                          合名会社
│   ⇒ 間接・有限責任を負う社員のみ      ⇒ 直接・無限責任
└ 持分会社                                社員のみ
    ⇒ 社員が出資持分をもつ会社          合資会社
                                        ⇒ 直接・有限責任社員
┌─────────────────────┐                    ＋
│ かつての有限会社       │            直接・無限責任社員
│   ⇒株式会社として存続  │          合同会社
│ ★商号に「有限会社」を使用する場合      ⇒ 間接・有限責任
│ ∴特例有限会社（法律上は株式会社）         社員のみ
└─────────────────────┘
```

する無限責任社員のみで構成される会社です。

ⓑ 合資会社

　合名会社のような無限責任社員の他に、出資額の範囲内で直接責任を負う有限責任社員から構成される会社です。有限責任社員にも原則として業務執行権や代表権が認められます。

ⓒ 合同会社

　社員全員が有限責任社員です。この点は、株式会社と同様ですが、株式会社よりも、利益の配分や議決権などに関して、社員の持分の割合に応じて、比較的自由に決定できます。

持分会社の基本的な構造

　持分会社の設立は単純で、基本的に、①定款（会社の根本規則）の作成、②設立の登記という手続を踏みます。そして、持分会社の社員の地位は「持分」という割合で表され、社員（出資者）は原則として一人一議決権をもち、持分の譲渡には、原則として社員全員の承諾が必要です。

11

3 会社法と商法との関係

会社法と商法の関係

　かつて会社に関する法制度は、主として商法第2編に規定されていました。しかし、2006年に商法第2編が削除され、会社法という新しく施行された法律に移されたため、現在の会社に関する法制度は、原則として会社法が規定しています。

　また、商法が商人全般の法律関係を規律する一般法であるのに対し、会社法は商人のうち特に会社の法律関係を規律する商法の特別法と位置づけられています。そのため、会社に対しては、商法の規定よりも会社法の規定が優先的に適用されます。

　たとえば、商法の第1編総則の規定の中には、会社法の第1編総則の規定と共通する事項がありますが、会社に対しては、会社法の第1編総則の規定が優先的に適用されます。

会社法と民法の関係

　上記のように、会社法は会社の法律関係（たとえば、会社と株主・社員との関係、会社と債権者との間の関係）の規律を目的とするのに対し、民法は商法よりさらに広く、私人全般の法律関係の規律を目的とする法律です。そのため、私人全般の財産関係について一般的な規律を置いている民法が一般法と位置づけられます。これに対して、私人のうち特に会社の法律関係を規律する会社法は、民法の特別法に位置づけられます。

　なお、民法との関係では、私人のうち特に商人全般の法律関係を規律する商法も、民法の特別法に位置づけられます。

第1章 ■ 会社法の全体像

● 会社法と商法、民法との関係 ●

会社法 会社をめぐる利害関係に関する法律

商　法 商人全般をめぐる利害関係に関する法律
⇒個人の商人にも適用される
（会社法に対する一般法）

民　法 私人をめぐる利害関係に関する法律
⇒ 商法や会社法よりも適用対象が一般的で広い
（商法や会社法に対する一般法）

➡ 会社をめぐる法律関係に関しては、民法や商法よりも
会社法が優先的に適用される ∵特別法は一般法に優先する

▌商人と商行為とは

　商法は、第1編総則、第2編商行為、第3編海商から構成され、商人が行う商行為に関する法律関係について規定を設けています。したがって商法においては、適用対象である「商人」と「商行為」という2つの概念を押さえることが重要です。

　商人とは、自分自身が権利義務の主体として（自己の名をもって）、商行為を行う者をいいます。たとえば、喫茶店の個人経営者が、利益を得る目的で（営業として）、繰り返し飲食物の提供・販売をする行為は、商行為のうち営業的商行為にあたるので、喫茶店の個人経営者は商人だと認められます。これに対して、誰が行っても、1回限りでも、商行為として扱われる行為があり、これを絶対的商行為といいます。

　また、喫茶店の個人経営者がテナントの賃貸借契約を結ぶ行為は、商人が自らの営業のためにする補助的な行為として、商行為のうち附属的商行為にあたる場合があります。

13

4 商法のしくみ

営業と営業譲渡

　商法は、2つの意味で営業という言葉を用いています。つまり、主観的意義の営業と客観的意義の営業です。主観的意義の営業とは、商人の側から見て（そのため主観的という言葉が用いられます）営業として行う活動を指します。原則として、商人が営利目的で反復・継続して行う活動は、主観的意義の営業にあたります。これに対して、客観的意義の営業とは、商人の活動を指す言葉ではなく、商人が営利活動を行うのに用いる営業財産を指す言葉です。

　しかし、主観的意義の営業と客観的意義の営業は、相対立する概念ではなく、商人が主観的意義の営業を行う中で、不動産（土地や建物）、動産（工場機械など）のような個々の財産が、単なる「個別の物」という価値を超え、一体として客観的意義の営業としての価値が生み出されていくといえます。なお、会社法では「営業」でなく「事業」という言葉が用いられます。

　そして客観的意義の営業については、契約によって他者に譲渡することができます。これを営業譲渡といいます。営業譲渡の対象になる客観的意義の営業とは、不動産や動産に加えて、営業を行う上で取得した特許などの知的財産権や、「のれん」と呼ばれる営業上のノウハウや、得意先といった一定の事実的な事柄も含まれます。これら一体としての営業（客観的意義の営業）を移転することが営業譲渡です。

　商法によると、営業譲渡が行われると、譲渡人に同一の地域などでの営業が禁止されるなど、競業避止義務が課されます。

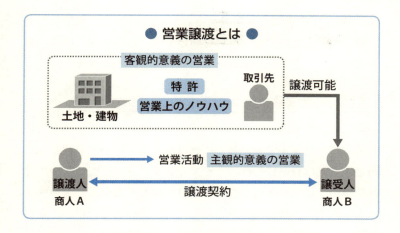

商業使用人にはどんなものがあるのか

　商人が行う営業は、すべてを1人で賄うことができるとは限りません。そこで、商人の営業を内部から補助する者が必要になります。この特定の商人に従って営業の補助を行う者を商業使用人といいます。商業使用人は、商人の指揮・命令に従わなければなりません。

　商法は、①支配人、②ある種類または特定の事項の委任を受けた使用人、③物品販売店舗の使用人という3種類の商業使用人について規定を置いています。会社法でも3種類の使用人について同内容の規定を置いています。

① 「支配人」とは、商人に代わって、営業所の営業に関する一切の裁判上・裁判外の行為を行う権限を持つ者をいいます。
② 「ある種類または特定の事項の委任を受けた使用人」とは、ある種類または特定の事項（商品の購入など）について、包括的に裁判外の代理権を与えられた者をいいます。一般的に部長や課長などの職名が与えられています。

③ 「物品販売店舗の使用人」とは、物品の販売や賃貸などを行う店舗に従事する使用人をいいます。その店舗で物品の販売や賃貸などを行う権限を有しているとみなされます。

商号と商業帳簿

商人は、営業活動において自己を表す名称として商号を用います。商号は文字で表記しなければなりませんが、原則として商号の選定は自由に行うことができます。もっとも、1つの営業については1つの商号を用いなければなりません。言い換えると、商人は、別個の営業に関しては、別の商号を持つことができます。しかし、会社法の規定により、会社は1つの商号を用いなければなりません。1つの商号の下で行われる会社の営利活動全体が「事業」というわけです。また、会社の商号は、他の会社と誤解されるような商号を使用できません。株式会社であれば、株式会社であることを明示する必要があります。

なお、商人（名板貸人）が他人（名板借人）に対して自己の商号の使用を認める場合があります。これを名板貸しといいます。名板貸しが行われると、第三者は名板貸人の営業と混同するおそれがあります。そこで商法は、名板貸人は、営業の主体が名板貸人であると誤認して名板借人と取引をした第三者に対して、名板借人と連帯して、その取引によって生じた債務の弁済責任を負わなければならないと規定しています。

さらに商法は、商人の営業上の財産や営業の損益の状況を明らかにするため、商業帳簿（会計帳簿や貸借対照表）の作成を義務づけています。商業帳簿の作成義務は、特に商人と利害関係をもつ債権者などにとって、その商人の営業成果や財産状況を把握するために重要なものと位置づけられています。

第1章 ■ 会社法の全体像

商事売買

　商行為に関する特徴的な規定として、商事売買に関する規定が挙げられます。売買契約については民法が規定しているところですが、特に迅速で反復・継続して行われる商事売買の特性等を考慮し、商人間において成立する商事売買について、売主・買主双方のバランスを取った規定が置かれています。たとえば、商事売買における買主は、目的物を受け取った後は、すぐにその目的物の検査をしなければならず、何か商品に欠陥がある場合には、売主にその旨を通知しなければなりません。そして、検査・通知を怠ったことが原因で、後に納品された目的物の品質が悪かったり、数量の不足などがあったりしても、履行の追完（不足分を補うなど）の請求、代金減額請求、損害賠償請求、契約の解除ができなくなります。

物流と場屋営業

　商人間の取引を迅速・確実に行うためには、商品を相手方に届けるルートを確保する必要性があります。そこで商法は、営業活動の補助としての物流に関する営業、つまり運送営業の規定を置いています。商法では、おもに物品運送と旅客運送について、利害が衝突しやすい運送人と荷送人との間（物品運送の場合）や運送人と旅客との間（旅客運送の場合）の法律関係を整備する規定がなされています。

　さらに、商行為上の取引として多く用いられる、場屋営業に関する規定も置かれています。これは、集客を目的に行われるホテルや飲食店などの場所における営業についての規定です。たとえば、場屋営業の中で生じる、客の物品が滅失・毀損した際の責任の所在などの法律関係について規定しています。

17

Column

商業登記簿

　会社法や商法は、商業登記法に従い商業登記簿に登記を行います。商業登記法は、会社の種類に応じて、必要な登記事項について定めています。ここでは、株式会社の登記を例にして、商業登記簿の記載内容について見ていきましょう。

　株式会社の登記は、株式会社を設立する際に、登記の完了をもって設立手続が完了することから、会社の成立要件です。登記事項に変更があった場合には、速やかに登記を変更する必要があります。必要な登記を怠った場合について、会社法は100万円以下の過料（行政上の命令に対する違反に対して与えられる金銭罰）に処せられます。

　商業登記簿は、登記される内容に応じて、いくつかの「区」に分かれて登記事項が記載されています。おもな区として、商号区、株式・資本区、役員区、目的区などが挙げられます。

　商号区には、会社の商号や本店所在地に関する情報が記載されています。株式・資本区には、会社の出資者である株主にとって、配当などの基本的な権利に関わる重要な情報が記載されています。つまり、株式・資本区を見ることによって、発行可能株式総数や資本金の額を知ることができます。また、役員区には、取締役や監査役といった役員の氏名などが記載されます。会社法は株式会社について多様な機関設計を認めていますので、役員区の記載を見ることにより、たとえば、その会社は取締役会設置会社であるのか否かなど、会社がどのような機関設計をとっているのか、あるいは、代表権を持つ役員が誰であるのかを知ることができます。そして、目的区には、株式会社の事業目的が記載されます。

第2章

設　　立

1 株式会社とは

株式会社制度の特徴とは

共同の事業を始めようと思い立った場合、真っ先に思い浮かべるのは会社を作ることでしょう。「会社」という企業形態をとることの一番のメリットは、出資者（会社の構成員）の財産と会社自身の財産を区別できる点（財産の独立性）にあります。事業用財産＝会社財産とし、生活用財産＝出資者個人の財産とすることができるので、万一、事業に失敗しても生活を維持させることができます。しかし、出資者の財産と会社自身の財産が別であっても、会社自身の債務について、出資者も責任を負う（直接責任）のであれば、結局、事業の失敗によるリスクを出資者個人がかぶってしまいます。

そこで、よりリスクを少なくするために有用なのが株式会社という制度です。株式会社では、出資者は、会社に対して出資義務を負担するだけでよく、会社自身の債務について、直接責任を負うことはありません（間接有限責任）。また、株式会社では「株式」を発行して、社会一般から広く出資者を集めることができますので、多くの資金を集め、大規模な事業を行うことで、多くの儲けを得ることも可能です。会社法の下では、極端な例でいえば、資本金1円による株式会社の設立が可能ですので、設立時の資金集めの負担が軽くなり、起業しやすいという特徴もあります。

人、ルール、モノが必要になる

会社を作る場合には、人、ルール、モノが必要です。つまり、

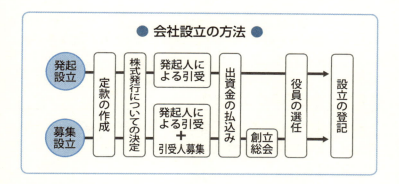

①事業を始めようと立案・計画した「人」(発起人)が、②事業目的を定めた会社の基本的「ルール」(定款)を作成し、③事業目的に賛成した「人」が「モノ」(金銭など)を出資して、④会社の事業を行う「人」(取締役など)を定めて、会社としての実体を作っていくのです。そして、⑤最後に登記をして、会社は独立した権利義務の主体(法人)として成立します。

このような手順を法律の定めに従って行えば、会社の設立は認められます。これを準則主義といいます。会社法が定める設立の手続は、会社の種類に応じて異なります。

株式会社の場合には、社員(出資者)の間接有限責任の下で、大勢の出資者が集まり、会社債権者など会社をとりまく関係者も多数にのぼるのが通常であるため、それらの人々に損害を及ぼすことのないように、設立の手続が厳格です。

たとえば、定款の記載事項は詳細な内容が求められます。社員の出資についても、株式会社の場合は、設立段階で完全に履行されなければなりません。これに対して、持分会社(合同会社は除く)では、設立段階で履行されなくてもかまいません。

また、株式会社では、取締役や監査役などの役員を発起人

（または創立総会）が選任するのに対して、持分会社では、定款による別段の定めがない限り、定款で確定された出資者がそのまま会社の業務を執行する機関になります。

発起設立と募集設立がある

株式会社の設立にあたり重要となる出資者の集め方に応じて、発起設立と募集設立という2つの設立方法があります。

① 発起設立

発起設立とは、会社が設立されるときに発行される株式のすべてを発起人が引き受け、その価格を払い込みます。

発起設立では、まず発起人が集まって、どのような会社を設立するのかについて決定します。その際、重要で最低限必要なことから決めていきます。ⓐ会社の目的、ⓑ商号、ⓒ本店（本社）の所在地、ⓓ出資される額、ⓔ発起人の住所・氏名などです。これらは、会社の基本的ルールである定款に記載することになっています。これらの事項の他、設立に際して、どれだけの株式を1株あたりいくらで発行するのかも決定します。

次に、会社の陣容を整えます。発起人は会社の役員である取締役・監査役などを選任します。選任された取締役・監査役などは、実際に出資が行われているかなど、会社の財産が充実されているかどうかを調査・確認しなければなりません。

会社の陣容が整い、会社財産の確認が済むと、最後に、本店の所在地を管轄する登記所（法務局）で設立登記をして、設立の手続は終了します。

② 募集設立

募集設立とは、会社設立時に発行される株式の一部を発起人が引き受けて、その他の株式については引き受ける者を募集す

ることにより、会社を設立する方法です。募集設立の場合も、設立手続の基本的な流れは発起設立と同じです。ただし、募集設立では、引受人が出資をした後に、引受人を集めて創立総会を開きます。創立総会では、発起人から設立手続に関する報告がなされ、取締役・監査役などの役員を選任します。

　もっとも、創立総会に関連する手続が複雑であることから、募集設立が利用されることは少なく、実務上多く用いられているのは発起設立です。

商号に関する規制

　会社における商号とは、会社の名称のことです（会社の商号はひとつです）。商号は文字で表記することができ、発音可能なものであれば、原則として自由に選ぶことができます。

　しかし、まったく自由に商号を定めてよいわけではありません。会社法は、不正の目的で、他の会社と誤認されるおそれのある名称や商号を使用することを禁止しています。これに違反する名称や商号の使用によって営業上の利益を侵害された会社、あるいは侵害されるおそれのある会社は、侵害の停止や予防を請求することができます。

　また、商業登記法により、他人がすでに登記した商号とまったく同じ商号を、同じ住所で登記することはできません。商号と住所が同一の会社が存在すると、両者の区別ができなくなって混乱が生じるからです。そして、会社の商号において最も重要なのは、会社の種類に従って、商号の中に「株式会社」「合名会社」「合資会社」「合同会社」のいずれかの文字を使用しなければならない点です。商号の中で他の種類の会社と誤認されるおそれのある文字を使用することは禁止されています。

23

2 定款の作成

定款は会社の「憲法」である

　会社を設立する際にまず行うべきことは、定款の作成です。定款には会社の基本的ルールが書かれていますので、会社の運営は定款に沿って行われます。定款は、単に作成するだけでは効力が生じず、会社の本店所在地がある地域に設置されている公証役場で、定款が正当に作成されたことを証明してもらうために公証人の認証を受ける必要があります。定款はその会社の「憲法」にあたるため、経営者も定款に違反して行動することはできず、その変更には厳格な手続が必要です。定款は、その会社に出資するべきか否かを判断するための材料となるだけに、設立の際の定款作成は慎重に行うことが必要です。

　定款に記載する事項は、その性質上、絶対的記載事項、相対的記載事項、任意的記載事項の3つに分けられます。

① 絶対的記載事項

　必ず定款に記載すべき事項であって、記載がないと定款自体が無効となる事項です。具体的には以下の事項が該当します。

ⓐ 会社の目的

ⓑ 会社の商号

ⓒ 本店（本社）の所在地

ⓓ 設立時の出資額

ⓔ 発起人の氏名・名称および住所

ⓕ 会社が発行できる株式の総数（発行可能株式総数）

　会社の事業内容については、具体的で明確に記載する必要があり、設立時の出資額は、確定額または最低額で記載しなけれ

第2章 ■ 設　立

● 定款の記載事項 ●

絶対的記載事項	必ず定款に記載しなければならない事項。定款に記載しなければ定款自体が無効になる。	〈例〉会社の目的、商号、本店 の所在地
相対的記載事項	定款に記載しなければ効力が認められない事項。記載しなくても定款の効力自体には影響しない。	〈例〉変態設立事項、株式譲渡制限規定 など
任意的記載事項	定款外で定めることもできる事項。定款に定めた場合には、その事項について変更したいときに定款変更の手続が必要になる。	〈例〉株主総会の招集時期、株式に関する事務手続、基準日 など

ばなりません。これに対して、発行可能株式総数は、定款の認証時には記載がなくてもよく、設立登記時までに、発起人全員の同意によって定めることが要求されています。

② **相対的記載事項**

　仮に記載しなくても定款の効力に影響はありませんが、記載しないとその事項に関しては効力が認められない事項です。たとえば、後述する変態設立事項や株式譲渡制限規定などが該当します。

③ **任意的記載事項**

　定款外の会社規則などで規定しても効力を生じるが、いったん定款に記載すると、その変更には厳格な手続が必要になる事項です。たとえば、株主総会の招集時期や株式に関する事務手続などが該当します。また、株式会社は、一定の日（基準日）において株主名簿に記載されている者に対して、株主としての権利行使などを認めればよく、この基準日を任意的記載事項として定款で記載している会社もあります。

25

3 定款の相対的記載事項

変態設立事項とは

　株式会社を設立する際には、株式の引受人から払い込まれる資金が現実に確保されなければなりません。発起人が地位と権限を濫用して私腹を肥やすようでは、会社に出資された財産が流失してしまいます。そこで会社法は、会社財産の確保にとって危険な行為を変態設立事項として、厳格な要件の下で例外的に認めることにしています。変態設立事項は、定款の相対的記載事項のひとつで、原則として、裁判所の選任する検査役の調査を受けなければ、定款としての効力が認められません。

変態設立事項の種類

　会社法が規定している変態設立事項は次のとおりです。

① 現物出資

　出資は原則として金銭で行いますが、不動産、動産、知的財産権などで出資した方が便利なこともあります。これらは現物出資と呼ばれ、会社設立時は発起人のみに許されています。

　しかし、その資産評価が過大に行われると、会社に入る財産が名目未満となり、会社の財産が危険にさらされるため、現物出資は変態設立事項とされています。具体的には、現物出資者の氏名・名称、現物出資を行う財産の内容や、その価額、現物出資者に割り当てられる株式数を定款に記載します。

　ただ、少額の現物出資（500万円以下）や市場で客観的な価格のある有価証券（株式など）を現物出資する場合などについては、例外的に検査役の調査は不要です。

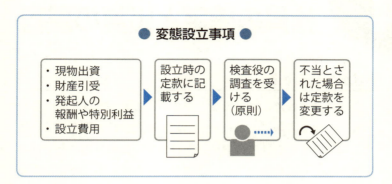

② **財産引受**

財産引受とは、発起人と第三者との間で、会社の成立を条件として、成立後の会社のために、一定の財産を譲り受ける契約をいいます。発起人が契約の目的物を過大に評価し、財産を譲渡する者に対してその財産の本来の価値を超える対価を支払うことで、会社財産に危険をもたらすことを防ぐため、財産引受は変態設立事項として、厳格な規制が課されています。また、財産引受は現物出資の規制を免れるために利用されることから、現物出資と同様の規制に置かれます。

③ **報酬などの特別の利益**

発起人の労務に対する報酬が過大に支払われると、会社の財産を危うくします。発起人自身に決めさせると、報酬を不当に高額にする危険があるため、変態設立事項に含めています。

④ **設立費用**

会社設立のために必要な費用を発起人が放漫に支払ってしまうと、会社の財産を危うくするため、変態設立事項に含めています。設立費用の例として、会社設立のために設けられた事務所の賃料などが挙げられます。

4 社員の確定と出資の履行

社員を確定する

会社の設立の際には、出資者を集める必要があります。会社の場合、出資者のことを社員といい、株式会社の場合は特に株主といいます。会社法における社員とは、従業員のことではありません。株式会社の場合、出資者である株主が、その出資額に応じて、会社を所有することになるのです。社員の確定は、設立方法に応じて、次のように行われます。

発起設立では、発起人が全株式を引き受け、引受数に応じた金額を払込期日までに払い込みます。払込みをした者は会社成立後の株主になり、社員が確定します。一方、募集設立では、発起人に加えて、募集に応じた者（引受人）にも株式の割当てが行われ、割当数に応じて払い込みます。発起設立と同様、払込みをした者が会社の設立後の株主となり、社員が確定します。

なお、株式の引受けは、民法上の契約と同様に、募集に応じる者が「株式を引き受けたい」という申込みを行い、これに対して発起人が「株式を割り当てる」という申込みに応じる意思が合致することで成立します。

株式の引受けについては、民法の意思表示に関する規定が基本的には適用されますが、意思表示に問題があるために、容易に株式の引受けの効力が覆されると、会社財産が不安定になり、会社財産の不足が生じる危険性が高まります。そこで、株式の引受けについて、特別の規制が設けられています。

たとえば、募集に応じる引受人が、実際には株式を引き受ける意思がないと発起人が知っていた場合（心裡留保といいま

第2章 ■ 設　立

● 社員が確定するまでの流れ ●

	発起設立の場合	募集設立の場合
引受け	発起人が全株式を引き受ける	発起人が株式の一部を引き受け、残りの株式について引受人を募集する

↓

出資の履行	引き受けた株式について全額の払込み（現物出資の場合は全部給付）をする

↓

社員の確定	出資を履行した発起人や引受人は会社の成立時に株主となる

す）や、発起人と引受人が共謀して、実際には引受けの意思がないのに、これがあるように偽った場合（虚偽表示といいます）、民法上は意思表示が無効になりますが、会社法は心裡留保や虚偽表示の規定を適用しないものとしています。したがって、心裡留保や虚偽表示により、株式の引受けに関する意思表示をした場合であっても、その株式の引受けの意思表示は有効と扱われ、引受人は引き受けた株式の金額を払い込む義務を負います。

預合とは

　会社法は、健全な株式会社を作るため、設立当初から会社財産を確保することを要求し、設立時取締役らは出資に関する事項について調査・確認しなければならないとしています。

　もっとも、実際に会社を設立しようとした場合、思うように出資者が集まらないこともよくあります。その場合、何とか会社を設立しようとして、出資があったように見せかけて、設立手続の規制を逃れようとする者も現れます。

29

その典型的な例が預合^{あずけあい}です。会社が払込取扱機関（銀行など）から金銭を借り入れ、それを払込金として払込取扱機関の口座に入金します。そして、借入金が返済されるまで、その払込金を引き出さないという約束をします。この方法では会社財産が確保されたことになりません。実際に金銭の移動があるわけではなく、帳簿上の操作だけが行われ、払込みがあったかのように仮装されているだけです。このような預合による払込みは無効であり、違反者には刑罰（預合罪）も科されます。払込みが無効であるため、会社設立も無効になります。

見せ金とは

預合に似ているものに見せ金があります。これは、①会社の払込取扱機関以外の銀行などから金銭を借り入れ、②借入金を払込みにあて、③会社成立後に払込金を引き出し、③引き出した金銭を借り入れた銀行に返済するというものです。見せ金の場合、形式的には、払込取扱機関に対して、実際に金銭の支払いが行われている点で、預合とは異なります。見せ金を処罰するとの法律上の規定がないことも、預合とは異なる点です。しかし、預合による規制を免れるための行為であることは明らかですし、会社財産が確保されないことも預合と同じです。そのため、見せ金による払込みも解釈上無効です。

なお、2015年施行の会社法改正によって、見せ金や預合などの方法で「出資の履行を仮装した場合」の会社法上の責任が追加されています。具体的には、見せ金や預合などを行った発起人や募集株式の引受人が、株式会社に対して、仮装した金銭全額の支払いや、仮装した財産すべての給付義務を負うことになります。

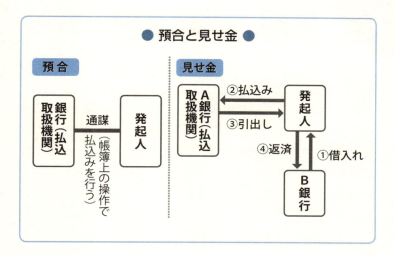

設立経過を調査することが大切

　会社設立の段階から財産的な基盤がしっかりしていないというのでは、出資者や債権者などにとって、不安でたまりません。そこで、財産的な基盤のしっかりした健全な会社を作るための配慮がなされています。株式会社では、株式取得のために支払われる出資金が実際に全額払い込まれ、会社に確保されているかどうかを調査・確認することが義務づけられています。発起設立では、発起人によって選任された取締役らが、出資に関する事項を調査・確認します。募集設立では、創立総会で選任された取締役らが、出資に関する事項を調査・確認します。

　金銭でなく動産や不動産などによる現物出資がなされるケースもありますが、その場合は、出資に関する調査をより厳格に行わなければなりません。出資された現物を過大評価して、それに応じて株式を与えることになれば、不公平であるばかりでなく、会社財産の確保も十分にはできないからです。

5 発起人と設立中の会社

▌発起人とはどのような者か

　会社は突如として完成するものではなく、各段階を経て完成していくものです。会社の設立に際しては、発起人が重要な役割を果たします。発起人とは、実質的には会社設立の立案・計画者をいい、形式的には定款に発起人として署名・押印した者をいいます。ただし、定款に署名・押印をしていなくても、客観的に発起人らしいふるまいをしている者は、その外観を信頼した第三者が損害を被ることのないように、例外的に発起人と同一の責任を認める場合があります（擬似発起人）。

　会社の基本的ルールである定款を作成するのも発起人ですし、会社設立にあたって職務を執行するのも発起人です。また、発起設立か募集設立かを問わず、各発起人が1株以上を引き受けなければなりません。発起人の人数については、複数人いてもかまいませんし、1人であっても十分です。

　このように、会社の設立にあたって、発起人は重要な役割を果たしますので、それだけに重い責任を課されています。

▌発起人組合と設立中の会社

　発起人が複数人いる場合、発起人の間では株式会社の設立を目的とした一種の組合が結成されることになります。これを発起人組合といいます。組合とは、複数人が出資をして共同の事業を営むことを約束した民法上の契約のことです。つまり、共同して会社を設立するための契約を結ぶわけです。発起人組合は、原則として過半数の決議により意思決定を行います。

第2章 ■ 設　立

● 発起人の権限 ●

発起人 → 定款に発起人として署名・押印した者
会社の設立を担当する

権限内の行為

- **会社設立を
直接の目的とする行為**
  → 定款の作成、株式の引
受け・払込みについて
の行為など
- **会社設立に必要な行為**
  → 定款認証手数料や設立
事務所の賃料の支払い
など

権限外の行為

- **開業準備行為**
  → 仕入行為など
  ※財産引受については、
変態設立事項として権
限内の行為と判断され
る場合がある
- **事業行為**

　発起人組合が会社の設立を担いますが、会社は発起人の各種行為によって、徐々に会社として形づくられていきます。

　このように会社が形成されていく過程に着目して、設立過程にある会社を設立中の会社と呼んでいます。発起人が会社設立のためにした権限内の行為の効果は、設立中の会社に帰属し、そのまま成立した会社に帰属します。一方、発起人の権限外の行為については、成立後の会社に帰属しません。

　発起人は設立中の会社の職務を執行しますが、原則として、発起人の権限の範囲内の行為は、設立を直接の目的とする行為や、設立に必要な行為に限ると解されています。

　ただし、会社が成立してすぐに営業できる体制を整えておく必要があることから、会社の成立を条件として、成立後の会社のために一定の財産を譲り受ける契約（財産引受）は、会社法で定める厳格な要件を充たせば、例外的に行うことができます。

6 事後設立

事後設立の制度を設ける趣旨

会社設立時において、現物出資や財産引受を相対的記載事項として定款に記載するとともに、原則として検査役の調査を受けなければ、これらの行為の効力を認めないと規定しているのは、設立後の会社の財産的基盤を守るためです。たとえば、現物出資される財産が実際には財産的価値をもたない機械であれば、会社財産が実質的に形成されていないことになります。

しかし、せっかく会社成立時点で厳格な規制を置いても、会社成立後に、現物出資や財産引受と同様の行為が行われてしまえば、結局のところ、成立した会社の財産的基盤が脅かされることに変わりはありません。

そのため、会社成立後に行われる現物出資や財産引受のような行為を事後設立として、会社法が規制しています。もっとも、過度な規制は会社の自由な意思決定を侵害するため、時期や規模を区切っています。

事後設立に関する規制

事後設立は、一定の時期における一定規模の財産の取得について制限を課すものです。「一定の時期」とは、会社成立後2年以内の財産の取得を指します。また、「一定規模の財産の取得」とは、会社成立前から存在し、事業のために継続して使用する財産を、会社の純資産額の5分の1を超える割合にあたる対価で取得する場合を指します。

たとえば、Y社がX社を設立した後、すぐに、Y社の事業財

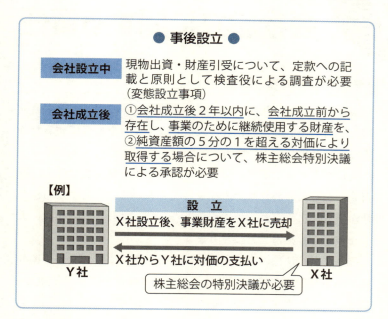

産をX社に売り、X社がY社に対価として多額の金銭を支払うことになれば、設立されたばかりのX社の財産的基盤が危うくなります。

　そこで、会社が事後設立をする場合、その効力発生日の前日までに、株主総会の特別決議（総議決権の過半数をもつ株主が出席し、出席株主の議決権の3分の2以上の議決）を経る必要があります。ここで注意が必要なのは、会社の設立中に現物出資や財産引受を行う場合とは異なり、検査役による調査は不要である点です。検査役による調査は厳格な手続だといわれていますが、会社設立後に上記の財産取得行為を行う場合には、そこまで厳格な手続は要求しないということです。

7 会社設立に関する責任

発起人などの責任は重い

　会社は、それ自体が１つの権利義務の主体です。しかも会社は、社会的にも経済的にも個人より大きな力をもっているため、会社が社会に与える影響も大きいといえます。

　会社をとりまく関係者はたくさんいます。株主をはじめ、取引先、会社に雇われている従業員などもいます。ですから、会社が無責任に作られ、破綻するとなれば、これらの関係者に大きな被害を与えることになります。

　そこで会社法は、会社が簡単に破綻しないよう、設立の関与者である発起人や設立時役員（設立時取締役や設立時監査役）に重い責任を課すことで、健全な会社が作られるようにしています。

　発起人や設立時役員の責任としては、以下のものがあります。

① 現物出資・財産引受の不足額填補（賠償）責任

　株式会社を設立する際には、会社財産が確保されていなければなりません。しかし、現物出資や財産引受が定款に記載されていても、目的物の実際の価額が定款記載の価額に比べて著しく低いことがあります。この場合、発起人や設立時取締役は、不足額について支払う義務を負います。ただし、発起人や設立時取締役が、職務を行う際に落ち度がないことを証明すれば、この填補責任を免れます（過失責任）。

② 対会社責任

　発起人や設立時役員は、任務を怠って会社に損害を与えた場合、会社に対して損害賠償責任を負います。もっとも、すべて

第2章 ■ 設　立

● 会社設立と発起人・設立時役員の責任 ●

会社の設立 ⇒会社・第三者など複数の当事者が関与している
∴発起人などの責任は重大である

【発起人などの責任】

①現物出資・財産引受の不足額の塡補責任 ➡ 過失責任※

②会社に対する損害賠償責任 ➡ 任務懈怠がある場合の責任

③第三者に対する損害賠償責任 ➡ 任務懈怠について悪意・重過失がある場合の責任

④会社不成立の場合の責任 ➡ 無過失責任

※現物出資や譲渡人として財産引受をした発起人に限り無過失責任

の株主が責任の免除に同意した場合には、発起人や設立時役員
は会社に対する損害賠償責任を負う必要がありません。

③　対第三者責任

　発起人や設立時役員は、職務遂行にあたって第三者に損害を
与えた場合、そのことについて悪意または重過失があるときは、
連帯して損害賠償責任を負います。

④　会社不成立の場合の責任

　発起人は、結果的に会社が不成立となった場合には、それに
伴って発生した損害・費用などについて責任を負います。具体
的には、発起人は、すでに払い込まれた払込金を返還しなけれ
ばならず、あわせて、設立手続のために支出した費用を自ら負
担しなければなりません。そして、会社不成立の場合の責任は、
発起人に落ち度（過失）があるかどうかにかかわらず、負担し
なければなりません（無過失責任）。

Column

法人格否認の法理

　会社には独立の法人格が認められ、会社は、社員と離れて権利義務の主体になることができます（法人性）。

　しかし、これを悪用して、不当に責任を免れようとするケースがあります。そこで、社員と会社とが別の人格とはいえない場合に、そのケースに限って、会社の財産と、他の会社あるいは個人の財産とを別にするというメリットを否定し、会社制度を悪用して背後に隠れている他の会社あるいは個人の責任を追及するための理論を、法人格否認の法理といいます。

　具体的には、設立された会社Aがまったく実体をもたず、他の会社Bあるいは個人Cのあやつり人形にすぎないため、1つの法人として評価することが妥当でない場合（形骸化の場合）や、他の会社Bあるいは個人Cの責任を不当に免れるために制度を悪用して設立された会社Aである場合（濫用化の場合）について、会社Aの法人格を否認し、会社Aと、会社Aを支配したり悪用したりしている会社Bや個人Cとを同一視し、会社Bや個人Cに責任を追及していくという法理論です。

　形骸化の例としては、実体はペーパーカンパニーにすぎず、会計もその会社を支配している別会社や個人と混同されているというケースが挙げられます。これでは、健全な会社運営のために法律が各種の規定を設けている意味が失われ、不健全な会社運営が横行してしまいます。また、濫用の例としては、債務の返済を怠っている会社や個人が債権者からの強制執行（裁判所が債権者の権利を強制的に実現する手続）を免れようとして、別会社を設立し、その会社に財産を現物出資したり、譲渡するケースが挙げられます。

第3章

機　　関

1 株式会社の機関

機関の分化とは

会社は、出資者とは別の権利義務の主体となる法人です。しかし、肉体も意思もない法人は、そのままでは活動できません。そこで、法人には機関が必要になります。機関とは、会社の意思決定や行動を行う人や組織のことです。

会社の機関は、いくつかに分かれており、それぞれの機関が別の役割をもって活動をしています（機関の分化）。ここでは従来からの代表的な機関について見ていきましょう。

① 株主総会

株式会社の出資者である株主によって構成される会社の最高意思決定機関です。

② 取締役会

取締役全員によって構成される会議体の機関です。会社の業務執行の意思決定や、代表取締役の選定などを行います。

③ 代表取締役

取締役の中から選ばれ、会社の業務執行や、会社の代表などを行います。

④ 監査役

取締役の職務執行を監査する機関です。会社の会計と業務についての監査を行います。

規模・実体にあわせた規制が必要

株式会社にはさまざまな分類方法がありますが、ここでは規模や実体に応じた分類を見ておきましょう。

第3章 ■ 機　関

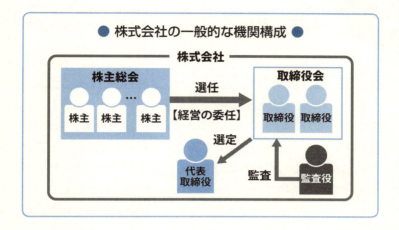

① 規模の違い

　大規模会社の場合は株主数が多いため、株主イコール経営者ではないのが一般的です。株式会社において株主と経営者とが別であることを所有と経営の分離といいます。所有と経営が分離されていると、株主の利益を無視して経営者が私利私欲を図る危険があるため、大規模会社ではこれを防止する必要が出てきます。反対に、小規模会社の場合は株主数が少なく、株主イコール経営者というのも普通です。そのため、経営者が株主の利益を無視することはあまり問題になりません。

② 実体の違い

　会社は、定款の定めにより、株式会社の社員（出資者）の地位である「株式」の譲渡を制限することができます。そして、会社が保有する全株式の譲渡を制限している会社を非公開会社といいます。反対に、全株式の譲渡までは制限していない会社を公開会社といいます。公開会社の場合は、株式の譲渡により、株主が次々と交代することが予定されています。

41

2 コーポレート・ガバナンス

コーポレート・ガバナンスとは

　株式会社は、一体誰のものでしょうか。社長や会長などの経営者のものだというイメージがあるかもしれません。しかし、法律的にみると、株式会社の目的である営利の追求は、出資者である株主にとっての目的でもあるのです。ですから、経営者は株主の利益を図るために経営を行わなければなりません。

　しかし現実には、株主の利益を無視した経営者の不祥事が起きています。このような状況を背景として、コーポレート・ガバナンスの重要性が、さかんに議論されてきました。コーポレート・ガバナンスとは、企業統治とも訳されますが、会社の経営を健全に行っていくためのしくみのことをいいます。つまり、株主の利益を守るためには、会社のしくみをどのように構築していくのがよいかということを議論するものです。

　コーポレート・ガバナンスの骨子は、経営者の不祥事を防止して、株主の利益にかなう経営を行おうとする点にあります。そこで、これを実現するためには、①経営が監視の目にさらされること、②迅速に正確な情報が開示されること、③法を守って経営が行われること（法令遵守）、④違法な経営者の行為に対して責任を追及できることが必要です。

　会社法は、これらの要請を実現するためにも、機関設計のバリエーションを豊富にそろえるとともに、情報開示制度を充実させています。特に後述する監査役、指名委員会等設置会社、監査等委員会設置会社は、社外取締役や第三者が会社経営を監視・監督するためのしくみですので、コーポレート・ガバナン

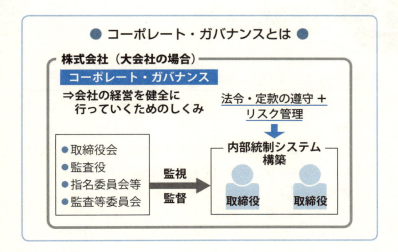

スの視点に立った機関設計だということができます。

内部統制システムとは

　コーポレート・ガバナンスの議論は、内部統制システムとして会社法において具体化されています。内部統制システムとは、会社の自浄作用により取締役などの役員の監視・監督を行い、経営の効率化と適正性を確保するとともに、不祥事などのリスクの発見・是正を目的とした企業体制を指します。

　会社法は、特に利害関係者が多数にのぼる大会社や、指名委員会等設置会社、監査等委員会設置会社について、取締役の職務が法令や定款に違反せず、不祥事を事前に防止するための体制として、取締役（指名委員会等設置会社の場合は執行役）の監視・監督を任務とする取締役会に対して、内部統制システムの構築を義務づけています。なお、取締役会の設置義務がない大会社は、取締役の過半数によって行います。

3 機関設計

機関設計にはいろいろなタイプがある

会社法では、会社の規模・実体に応じて機関を設計することができるようになっています。それは、会社の規模・実体の違いによって注意する点が違ってくるからです。このような点をふまえ、会社法では、機関設計の多様化を図っています。

① 機関のバリエーション

会社法は、株主総会と取締役を、すべての株式会社に必ず設置しなければならない機関（必置機関）として位置づけています。つまり、非公開会社であることや大会社（⇨ P.46 参照）ではないことなどの条件はありますが、株主総会と取締役さえ存在すれば、最も簡素な株式会社として運営していくことが可能です。

このように、株式会社がどのような機関を採用するのかは、その会社自身に委ねているのが会社法の基本的立場です。これを機関設計の自由といいます。特に資金的にも最小限の負担で株式会社を作ろうとする人にとっては、シンプルな機関設計が好ましく、また、経営者にとって全体に目が行き届く、非常に効率的なスタイルとして、株式会社がこのシンプルな形態を採用することも考えられます。

その他、取締役会、会計参与、監査役、監査役会、会計監査人、監査等委員会、指名委員会等といった機関は、定款に定めることによって設置することが可能になります（任意的機関）。

ただし、機関設計の自由が認められているといっても、完全に自由というわけではありません。機関設計に応じて、設置しなければならない機関や、設置してはならない機関が定められ

第3章 ■ 機　　関

● 機関設計のバリエーション ●

【株式会社の機関の基本設計】

株式会社の最もシンプルな機関設計

株主総会 ＋ **取締役**

↓

<u>取締役会、会計参与、監査役、監査役会、会計監査人、監査等委員会、指名委員会等</u>という機関を定款により設置することができる

【例】公開会社かつ大会社の機関設計のバリエーション

① **株主総会** ＋ **取締役** ＋ **取締役会** ＋ **監査役** ＋ **監査役会** ＋ **会計監査人** ＋ **会計参与**

② **株主総会** ＋ **取締役** ＋ **取締役会** ＋ **指名委員会等** ＋ **会計監査人** ＋ **会計参与**

③ **株主総会** ＋ **取締役** ＋ **取締役会** ＋ **監査等委員会** ＋ **会計監査人** ＋ **会計参与**

ています。たとえば、公開会社、監査役会設置会社、監査等委員会設置会社、指名委員会等設置会社は、必ず取締役会を設置しなければなりません。また、取締役会設置会社は、原則として監査役を設置しなければなりません。このように、派生的に従うべきルールが機関設計に応じて変わるため、会社の機関設計を行う上では、会社法の規定に注意が必要です。

　特に取締役会設置会社であるか否かによって、株式会社の性質が大きく異なることを認識しておく必要があります。取締役会設置会社では、株主総会の権限が縮小されるからです。株主総会は、会社の最高意思決定機関ですので、本来は会社に関するあらゆる事項の意思決定権限を持っています。しかし、取締

役会設置会社の場合には、会社に出資を行う株主と、実際の経営を担う取締役の分離が徹底され、経営に関する多くの事項を取締役会が決定します。そのため、株主総会の権限が会社法や定款で定めた事項の意思決定に縮小されているのです。

② 取締役会を設置しない会社

　会社法は、株式会社と取締役のみを必置機関として位置づけていますので、「取締役会を設置しない株式会社」が認められることになります。これは、会社法制定前の有限会社が株式会社化されたことに伴い、会社の規模を考慮して、機関設計が会社の経営に過度の負担にならないように配慮したものです。

公開会社であり大会社である場合

　多様な機関設計が認められる株式会社のうち、多くの大企業にあてはまる公開会社であり、かつ、大会社である場合を見ていきましょう。大会社とは、資本金の額が5億円以上あるいは負債の合計金額が200億円以上である株式会社をいいます。そして、公開会社とは、発行する株式の全部または一部を、その株式会社の承認を得ることなく自由に譲渡することができる株式会社をいいます。

　前提として、株式会社である以上、株主総会と取締役を置かなければなりません。そして、前述したように公開会社である場合は、取締役会を設置しなければなりません。また、取締役会を設置している会社においては、原則として監査役を設置しなければなりません。さらに大会社である場合は、監査役会と会計監査人の設置が必要になります。

　もっとも、公開会社かつ大会社である株式会社が、指名委員会等設置会社（指名委員会・監査委員会・報酬委員会を設置す

第3章 ■ 機　　関

る会社）または監査等委員会設置会社を選択した場合には、監査役を設置することができません（これに伴い監査役で構成される監査役会も設置できなくなります）。これらの会社で設置される監査委員会や監査等委員会の監査機能が、監査役の監査機能と重複するためです。

　ただし、監査役と監査委員会や監査等委員会における委員とでは、決定的な違いがあります。監査役は、取締役とは別に選任された機関として、取締役の職務を監視・監督します。これに対して、監査委員会や監査等委員会における委員は、あくまでも取締役の中から選任されます。つまり、監査委員会や監査等委員会では、取締役自身の内部浄化作用が期待され、監査役のように、取締役の外部にある機関が監視・監督を行うシステムとは異なる制度が採用されているといえます。

　一方、監査役と異なり、会計監査人については、指名委員会等設置会社または監査等委員会設置会社を選択した場合も設置義務を負います。指名委員会等設置会社や監査等委員会設置会社である場合には、会社の規模を問わず、会計監査人を設置しなければならないからです。

　以上をまとめると、公開会社かつ大会社が採用できる機関設計のバリエーションは、次の3通りです。なお、会計参与の設置に関しては原則として自由です。

① 　株主総会＋取締役＋取締役会＋監査役＋監査役会＋会計監査人（＋会計参与）

② 　株主総会＋取締役＋取締役会＋指名委員会等＋会計監査人（＋会計参与）

③株主総会＋取締役＋取締役会＋監査等委員会＋会計監査人（＋会計参与）

4 株主総会の権限や決議方法

株主総会とは

　株式会社の出資者である株主によって構成される会議体の機関を株主総会といいます。株主総会には、毎年一定の時期に招集される定時総会と、必要に応じて招集される臨時総会があります。株主総会の招集は、原則として取締役が行いますが、株主の請求があったにもかかわらず、招集手続が行われないか、招集通知が発せられないときには、裁判所の許可により、株主が株主総会を招集することもあります。

株主総会の権限

　株主総会の権限は、その株式会社が取締役会を設置しているか否かによって大きく異なりますので、注意が必要です。

① 取締役会を設置していない場合

　取締役会を設置していない会社の場合、株主総会は、会社法に規定する事項や会社の組織・運営・管理など、株式会社に関する一切の事項を決議できる「万能の機関」です。

　たとえば、非公開会社は取締役会の設置義務がありませんので、取締役会を設置していない場合の株主総会は「万能の機関」として機能します。非公開会社は比較的小規模な会社で、身内などが株主になり、実際の経営もこれらの者が担う場合が少なくないという実情にも適合します。

② 取締役会を設置している場合

　取締役会設置会社の場合、会社の出資者である株主は、配当などに関心を寄せるのみで、経営への関与を必ずしも要求しな

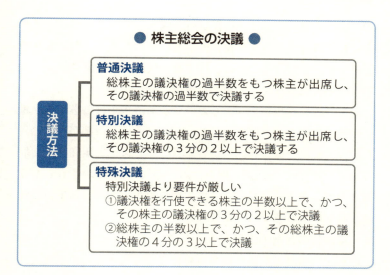

い場合が多く、大会社では株主が相当数にのぼります。そのため、株主と会社の経営を担う取締役会などの機関とが明確に分離されています（所有と経営の分離）。そうすると、取締役会を設置していない会社のように、株主総会に強力な権限を持たせても、会社の実情とかけ離れた制度になってしまいます。

会社法は、取締役会設置会社における株主総会の権限を会社法や定款で定めた事項、つまり会社の重要事項に限定し、その他の経営に関わる事項は、取締役会の決定に任せるという制度を採用しています。株主総会決議事項は以下のとおりです。

ⓐ 会社の基礎に関わる事項

定款の変更、事業の全部または重要な一部の譲渡、他の会社との合併、会社の解散など、会社の基礎に関わる事項について変更が加えられるのは、株主の関心事にあたりますので、株主総会決議が必要になります。

ⓑ **会社の機関の選任・解任を行う場合**

会社の機関である取締役、監査役、会計監査人、会計参与の選任や解任を行う場合には、株主総会決議が必要です。

ⓒ **株主の利益にとって重要な事項**

株主に重大な損害を与えるおそれがある事項は、必ず株主総会の決議を経なければなりません。たとえば、会社が自己株式を取得する場合や、株式の併合を行う場合には、現在株式を取得している株主（既存株主）の議決権が減縮するおそれがありますので、株主の利益にとって重要な事項として、株主総会決議が必要になります。

ⓓ **取締役の報酬の決定**

取締役の報酬を取締役会の決定に委ねてしまうと、不当に高額な報酬を決定するおそれがあります。したがって、報酬の決定のように、取締役会決議に任せることが適切ではない事項については、株主総会が決定権限をもつことになります。

株主総会の招集手続について

取締役（取締役会設置会社では取締役会）が株主総会の招集を決めると、株主に対して、招集通知を送らなければなりません。招集通知は、株主総会に出席する機会を株主に与えるとともに、あらかじめ伝えておくことで、議決権行使のための準備を行うための期間を確保するという意味があります。公開会社である場合、原則として、株主総会開催の2週間前までに招集通知を行わなければなりません。

招集通知には、株主総会開催の日時や場所の他、株主総会開催の目的事項（議題）、議決権の行使方法（書面やインターネットを利用した電磁的方法など）などを記載しなければなり

第3章 ■ 機　　関

ません。招集通知については、書面や口頭で伝えるなど各種の
方法が考えられます。しかし、取締役設置会社については、株
主数が多いケースもあり、招集通知の方法が株主ごとに別々で
あると、伝え漏れる者が出てしまったり、会社としての処理も
煩雑になるなど、不都合が生じますので、招集手続は必ず書面
で行わなければなりません。

▌株主総会の決議方法はどうなっているのか

　株主総会の決議は多数決で行われます。決議の方法として、
次の3つがあります。

① **普通決議**

　議決権をもつすべての株主のうち、議決権の過半数をもつ株
主が出席し、出席株主の議決権の過半数で行う決議です。株主
総会の決議方法の原則です。

② **特別決議**

　議決権をもつすべての株主のうち、議決権の過半数をもつ株
主が出席し、出席株主の議決権の3分の2以上の多数で行う決
議です。ただし、定款の定めで出席株主の割合を3分の1以上
の割合にすることもできますし、議決権の割合を3分の2より
も多くすることもできます。

③ **特殊決議**

　特別決議よりも要件がさらに厳しくなっている決議です。ⓐ
議決権を行使できる株主の半数以上で、かつ、その株主の議決
権の3分の2以上の多数で行う場合と、ⓑ総株主の半数以上で、
かつ、総株主の議決権の4分の3以上の多数で行う場合があり
ます。ただし、定款の定めで、出席株主の割合や議決権の割合
をより厳格にできます。

51

5 株主総会の議決権

議決権が制限される場合

議決権とは、株主が株主総会において、決議に参加する権利をいいます。普通の株式をもつ株主は、原則として1株につき1個の議決権をもちます（一株一議決権の原則）。これに対する例外として、次のような場合に議決権が制限されます。

① 議決権制限株式

定款の定めによって、株主総会の議決権を制限した株式のことを議決権制限株式といいます。たとえば、種類株式のひとつとして、剰余金の配当について優先権を与える代わりに、議決権を制限する株式を発行するという例が挙げられます。

② 自己株式・相互保有株式など

会社が自社の株式を取得した場合、その株式を自己株式といいます。自己株式について議決権行使を認めてしまうと、経営者側が自己に都合のよいように議決権を行使するおそれがあるため、自己株式の議決権行使は認められません。

また、X社がY社の総株主の議決権の4分の1以上の株式を保有するなどしてY社の経営を実質的に支配している場合、Y社は自ら保有するX社の株式について議決権を行使することが認められません。これを相互保有株式といいます。Y社がX社の影響を受けて、不正にX社の株主総会で議決権を行使する危険性があるため、Y社による議決権行使を制限しています。

③ 単元未満株式

一定株数（1単元）の株式を単位として議決権行使を認める単元株制度を採用する会社では、1単元未満の株式（単元未満

第3章 ■ 機　関

● 株主総会の議決権 ●

株主の議決権 ➡【原則】1株につき1個の議決権をもつ

【例外】◎議決権制限株式　◎自己株式　◎単元未満株式

議決権制限株式

会社 → 株式 ✕ → 株主

議決権を行使できない

会社 ← 取得 ← 株主

株式 ✕

議決権を行使できない

単元株

株式　株式

2株が1単元
である場合
➡ 1株では議決権
行使不可

株式）には議決権行使が認められません。これによって株主の
管理コストを軽減することができます。

議決権行使の方法

　議決権は、株主が株主総会に出席して行使するのが原則です。
もっとも、会社法は例外的な議決権の行使方法として、いくつ
かの規定を置いています。

① 議決権の代理行使

　議決権の行使について代理人を立てることが認められていま
す。株主総会に出席できない株主がいる場合でも、決議に参加
する手段を保障する必要があるためです。代理人による議決権
の行使を希望する株主は、株主総会ごとに代理権を授与しなけ
ればなりません。そして、代理人は自己の代理権の存在を示す
書面（委任状など）を会社に示すことにより、議決権を代理行
使することができます。

　このように議決権の代理行使を認めると、株主以外の者が株

主総会の会場に立ち入ることになりますが、総会屋（株主総会に現れて、不要な発言を繰り返すなどによって、株主総会を混乱させる者）のような者が代理権を取得すると、株主総会の議決を攪乱してくる可能性があります。これを嫌がる会社の中は、代理人の資格を株主に限定する定款の定めを置くことが少なくありません。代理人を株主に限定する定款の効力をめぐっては争いもありますが、判例は、株主総会の攪乱を防ぐという合理的な理由に基づく正当な制限であるため、この定款を有効としています。

② 書面や電磁的方法による議決権の行使

議決権は、株主総会に参加して行使する他、書面による行使や電子メールなどの電磁的方法による行使が可能です。特に株主総会の開催場所から遠方に居住している株主が、株主総会の決議に参加できるよう配慮したものです。

書面による行使については、すべての会社が任意に書面による議決権行使の方法を採用することが可能ですが、株主の人数が1,000人以上の会社は、原則として書面による議決権行使が可能である旨を、取締役（取締役会設置会社においては取締役会）が定めなければなりません。書面による議決権の行使を認める場合、招集通知にその旨を記載して、あらかじめ株主に通知しておく必要があります。

一方、電子メールなどの電磁的方法による議決権行使においても、招集通知に電磁的方法による議決権の行使を認める旨と、必要な情報が提供されなければならない点は、書面による議決権行使の場合と同様です。

③ 議決権の不統一行使

複数の議決権を保有する株主は「〇株分につき賛成し、×株

第3章　機　　関

分につき反対する」というように、議決権を統一せずに行使することができます。これを議決権の不統一行使といいます。

　株主が複数の議決権を保有する場合は、特定の議案に対して「賛成」または「反対」のうち、いずれかの意思表示を行うのが通常です。しかし、複数の株主が株式を同一の信託会社に委託している場合に、議決権の不統一行使が必要となります。

　たとえば、株式会社Xの株主A・B・Cが、それぞれY信託会社に、株式をそれぞれ500株ずつ預けている場合、株主名簿には1,500株をもつ株主として「Y信託会社」と記載されており、議決権の行使はY信託会社が行います。

　そして、ある議案について、株主Aは「賛成」の意思表示を、株主B・Cは「反対」の意思表示をそれぞれ示している場合、Y信託会社は委託者の意思に反する議決権の行使ができませんので、500株については「賛成」、1,000株については「反対」という形で議決権を行使することを認める必要があるのです。

　もっとも、議決権の不統一行使は、信託会社のように他人のために株式を保有する者が、その他人のために議決権を行使するにあたり、議決権の不統一行使が認められなければ職務をまっとうできない場合などに限定して認めれば足ります。そのため、他人のために議決権を行使する場合以外に株主が不統一行使を望んだとしても、会社はこれを拒否することができます。

　以上のように、会社法は、議決権の行使方法についてさまざまな規定を置いていますが、具体的な議決では、やはり多数派の株主の意見が反映されることが多いといえます。

　そこで会社法は、少数派の意見をもった株主の保護を図るために、後述する議題提案権（株主総会の会議の目的事項の追加を請求する権利）などの株主提案権を保障しています。

55

6 株主提案権

株主提案権とは

株主総会の議題や議案は、通常、取締役によって決められますが、株主が提案することもできます。これを株主提案権といい、次の3つの権利に分けることができます。なお、議題とは「取締役の解任の件」のように、会議の目的事項のことであるのに対して、議案とは「甲を取締役から解任せよ」のように、議題に関する具体的な提案のことです。

① 議題提案権

議題提案権とは、株主が自ら議決権を行使できる事項について、株主総会の目的として一定の事項を取り上げるように請求できる権利のことです。取締役会設置会社の場合は、6か月前から引き続き総株主の議決権の1%以上、または300個以上の議決権をもつ株主でなければ行使できないという制約があります。

また、株主総会の招集通知に議題を記載する関係から、株主が議題提案権を行使する場合には、株主総会の日の8週間前までに、会社に対して特定の事項について議題とするように請求する必要があります。

② 議案提出権

議案提出権とは、すでに株主総会の議題となっている事項について、新たな議案を提出できる権利のことです。株主は自ら議決権を行使できる事項について議案提出権を行使できます。

ただし、法令・定款に違反する議案や、3年以内に総株主の議決権の10%以上の賛成を得られていなかった議案と実質的に同一の議案については、議案提出権は認められません。

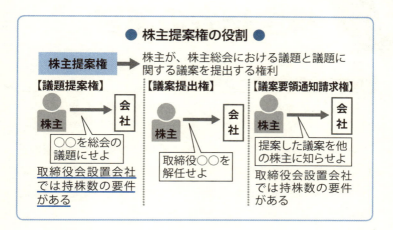

　議案提出権は、会社の形態が取締役会を設置しているか否かにかかわらず、１株しかもたない株主でも行使できます。

③　議案要領通知請求権

　議案要領通知請求権とは、株主が株主総会に提出しようとする議案の要領を他の株主に通知するように請求できる権利のことです。会社が提案した議案に比べて、株主が提案した議案が可決されることは多くありません。そこで、議案提出権を行使しようとする株主が、提出しようとする議案の内容を他の株主に周知し、他の株主が議案について検討する機会や期間を確保するための制度です。

　ただし、法令・定款に違反する議案や、３年以内に総株主の議決権の10％以上の賛成を得られていなかった議案と実質的に同一の議案については、通知を請求できません。また、取締役会設置会社の場合は、６か月前から引き続き総株主の議決権の１％以上、または300個以上の議決権をもつ株主でなければ行使できないという制約があります。

7 株主総会の運営

株主総会の運営を行う者

株主総会の運営には、次のような人たちが関与します。

① 議長

株主総会の秩序を維持し、議事を整理する機関です。原則として株主総会の議事運営については、会社側に広い裁量が認められているのが通常です。議長は命令に従わないなど、議場の秩序を乱す者を退場させることもできます。

しかし、同一の株主総会において、複数の株主同士の間で、合理的な理由もないのに異なった扱いをすることは禁止されています。判例においては、従業員であり株主である者を株主総会の前列の席につかせるなど、会社側に有利な株主を優先的に扱うことは、合理的な理由がないと判断したケースがあります。

議長の選任については、定款によって代表取締役が議長に選任されることが多いようですが、定款で事前に定めていない場合は、株主総会の冒頭で選任されることもあります。

② 取締役等

株主総会の審議においては、議案提出者が提出した議案の内容に関する説明などを行った後に、質疑応答が行われます。取締役等（取締役、会計参与、監査役、執行役）は、株主総会において株主から受けた質問に対して、必要な説明をする義務があります。これを取締役等の説明義務といいます。

株主総会も会議の一種であり、会議一般において、参加者が、会議の中で審議されている事項について質問をすることができるのは、当然といえます。また、株主総会は会社の最高意思決

第3章 ■ 機　関

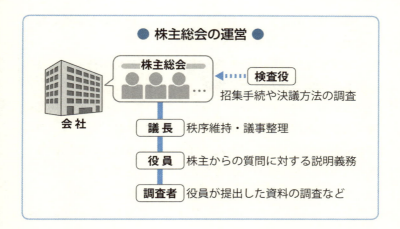

定機関である一方で、その構成員である株主は「会社の実質的所有者」であると説明されることもあります。このような地位をもつ株主は、会社の経営状況など、株主総会で審議されている事項について知る権利を有しているということができます。そうすると、取締役等の説明義務は、株主の側からいえば、説明を求める権利の行使ということができます。

もっとも、株主の中には、真摯に審議中の事項について説明を求めているのではなく、株主総会の円滑な進行を妨害する目的で質問を繰り返すような者も存在します。

そこで会社法は、取締役等の説明義務という形式で、株主に対する説明に関する事項を規定し、一定の場合に取締役等が説明義務を免れる場合があることを認めています。

説明義務を免れることができる事項は、以下のとおりです。

ⓐ **質問事項が株主総会の決議事項などと関連性がない場合**

株主は、取締役等に対して、どのような内容であっても質問できるわけではありません。当然のことながら、株主総会の決

59

議に関連性がある質問でなければならず、個人的な事項に関する質問などは許されません。

ⓑ **取締役等が説明義務を果たすことにより他の株主の利益を著しく害することになる場合**

たとえば、株主の質問に応答することで、会社の営業秘密に関する事項が明らかになるおそれがある場合は、その株主だけでなく他の株主の利益にも及ぶ可能性があるため、取締役等は株主の質問に対する説明義務を免れることができます。

ⓒ **その他正当な理由がある場合**

たとえば、質問にその場で応答するのが難しく、一定の調査が必要な場合が挙げられます。もっとも、調査が非常に容易であり、その場で応答するのに支障がない場合には、調査を必要とすることを理由に説明義務を免れることはできません。また、株主が決議事項に関連する質問を行っていても、同一の質問を繰り返してくる場合には、取締役等が説明義務を負わなくてよいとする正当な理由が認められる余地があります。

なお、事前に株主が質問状のような形式で、会社に質問内容を送付することも少なくありません。しかし、会社法が取締役等に義務づけている説明義務は、株主総会の場で株主が実際に質問を発して説明を求めた時点で生じますので、質問状に対する回答を怠ったからといって、当然に取締役等が説明義務に違反したということはできません。

③ **検査役・調査者**

株主総会の招集手続や決議方法を検査するのが検査役、株主総会に提出される資料や株式会社の業務・財産状況などを調査するのが調査者です。会社が、検査役の選任を希望する場合には、裁判所に対して申し立てる必要があります。この申立てに対し

て、裁判所は原則として、必ず検査役を選任しなければなりません。検査役は、外形上の招集手続などを調査しますが、これにより、株式を多く所持する多数派が、少数派の意見を無視しないような体制作りができているかを確認することができます。

検査役の選任は、株主総会の開催に先立って、裁判所に対する申立てによって行うことができます。ただし、申立てができるのは、会社または総株主の議決権の1％以上の議決権をもつ株主（公開会社の場合は6か月の保有期間要件が追加されます）に限定されています。

検査役が選任されるのは、特に株主総会の適正な運営に事前から疑念が生じている場合に、会社が委任状などを適切に取り扱っているか、取締役等が説明義務を果たしているか、などを調査させることで、後に株主総会決議取消訴訟などに至った場合における証拠の保全をしておくためです。

これに対して、調査者の選任は、株主総会の普通決議によって行います。

▌決議・報告の省略

取締役や株主が株主総会の目的事項を提案した場合において、株主全員が書面や電子メールなどの電磁的記録によって、その提案に同意したときは、株主総会の決議を経ないでも、提案を可決したものとして扱われます。

また、取締役が株主全員に株主総会に報告すべき事項を通知した場合において、株主全員が書面や電子メールなどの電磁的記録で株主総会への報告を必要としないことに同意したときは、株主総会への報告を経ないでも、株主総会への報告があったものとして扱われます。

8 株主総会の決議に間違いがあった場合

総会決議の違法・不当をどう処理したらよいか

　株主総会の決議が違法・不当であった場合、その効力は否定されなければなりません。しかし、ひとたび株主総会の決議がなされると、その決議をもとにさまざまな行為が行われ、法律関係ができあがっていきます。この場合、すべての法律関係の効力を否定することになれば、多くの人たちに不測の損害を与えることにもなりかねません。

　そこで、会社法は、法律関係を安定させるため、訴えによって株主総会決議の違法・不当を争い、その効力を否定することができる制度を採用しています。株主総会決議の違法・不当を争う訴えには、問題になっている株主総会決議の不当・違法の態様に応じて、決議取消しの訴え、決議無効確認の訴え、決議不存在確認の訴えがあります。訴えを提起する裁判所は、いずれも会社の本店所在地を管轄する地方裁判所です。

決議取消しの訴えを提起できる場合

　決議取消しの訴えとは、株主総会決議の効力を取り消すために提起する訴訟をいいます。会社法が規定する以下の取消事由については、決議取消しの訴えによらなければ、決議の効力を争うことができません。

① 株主総会の招集手続や決議方法が法令・定款に違反するか、著しく不公正なとき

　招集手続の法令・定款違反としては、一部の株主に対して招集通知が行われていない場合などが考えられます。また、決議

62

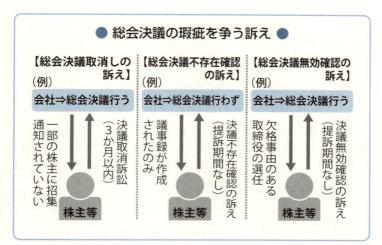

方法の法令・定款違反としては、決議の定足数に及ばない状態で議決を行った場合などが挙げられます。一方、著しく不公正な場合としては、多くの株主にとって株主総会への出席が困難な時刻や場所における招集が行われた場合などがあります。

② 総会決議の内容が定款に違反するとき

決議の内容が定款に違反している場合には、決議の無効事由ではなく、取消事由にとどまります。後述するように決議内容が法令に違反する場合は、決議無効確認の訴えの対象になりますが、定款はあくまで会社の内部において定められているもので、定款違反は法令違反に比べて不当・違法の程度は軽微であると考えられているためです。たとえば、定款に記載がある人数よりも多くの人数の取締役等（取締役、監査役、会計監査人など）の選任を行った場合などが考えられます。

③ 特別な利害をもつ者が議決権を行使したことによって、著しく不当な決議がなされたとき

たとえば、取締役等は、会社に損害を与えた場合には、会社に対して責任を負います。しかし、株主総会決議によって、対会社責任である任務懈怠責任の一部が免除される場合があります。

　その際、株主総会の議案として、ある取締役の責任を免除するか否かが審議され、決議に際して問題の取締役が株主として決議に参加することが考えられます。このような議案と特別利害関係をもつ取締役等も、株主として決議に参加すること自体は可能ですが、決議に賛成するよう圧力をかけていた場合などは、決議の取消事由に該当します。

■決議取消しの訴えの期間制限・判決効など

　決議取消しの訴えを提起できるのは、株主、取締役、執行役、監査役に限られ、会社を被告として、株主総会の決議から3か月以内に訴えを提起する必要があります。判例は、決議の効力を早期確定させる必要性から、提訴期間内に訴えを提起した後、提訴期間経過後に新しく取消事由を追加主張することは認めないという立場をとっています。

　提訴権をもたない者が訴えを提起した場合や、提訴期間（総会決議後3か月以内）を超えて提起した場合は、請求した内容に関する判断が言い渡されることなく、門前払いの判決を受けることになります。この判決を却下判決と呼びます。請求内容の当否を判断した結果として、原告の請求を認めないとする請求棄却判決とは異なります。

　そして、原告の請求を認める請求認容判決が確定すると、株主総会決議の時点にさかのぼって、問題になっている決議の効力が失われます（遡及効といいます）。また、本来であれば、判決の効力は訴訟の当事者間でのみ生じますが、会社法は、決

議を取り消す判決については、第三者に対しても効力が生じると規定しています（対世効または第三者効といいます）。

なお、株主総会の招集手続や決議方法が法令・定款に違反するときであっても、違反が重大でなく、決議に影響を及ぼさない場合には、裁判所は裁量によって請求を退けることができます。これを裁量棄却といいます。

決議不存在の訴え・決議無効確認の訴え

決議不存在確認の訴えとは、たとえば、株主総会の議事録が作成されたが、実際には株主総会が一切行われていないなど、株主総会の実体が存在しない場合に、株主総会決議の不存在を確認する訴えのことです。また、物理的に株主総会が行われていない場合の他にも、取締役会設置会社において、正当な取締役会決議に基づかずに、招集権限のない取締役が株主総会を招集した場合などが、決議不存在の例として挙げられます。

決議不存在確認の訴えには、決議取消しの訴えを補完する役割があります。決議取消しの訴えの提訴期間が経過しても、上記の招集権限のない取締役による招集の事例のように、招集手続や決議方法の違法性・不当性が非常に強い場合は、決議不存在確認の訴えを提起する余地があるからです。

決議無効確認の訴えとは、たとえば、欠格事由のある取締役の選任や違法配当の決議など、決議の内容に法令違反がある場合に、その無効を確認する訴えのことです。

なお、決議不存在確認の訴えと決議無効の訴えは、いつでも誰でも訴えを提起できる点、決議の不存在や無効を確認する判決が第三者にも及ぶ点（対世効）において共通しています。

9 取締役会と取締役の関係

取締役によって構成されているのが取締役会

取締役は、経営の専門家として株主から会社経営を任された者のことです。取締役の選任・解任は、株主総会の普通決議で行われます。そして、すべての取締役によって構成される会議体を取締役会といいます。

取締役会設置会社においては、取締役会が会社の業務執行を決定し、代表取締役などが業務を執行します。この場合、個々の取締役は取締役会の構成員として位置づけられます。

これに対し、取締役会を設置しない会社では、取締役自身が会社の業務執行を決定し、その決定した業務を執行します。

取締役会の権限

取締役会の基本的な権限は、①業務執行の決定、②取締役の職務執行の監督、③代表取締役の選定・解職の3つです。

①業務執行の決定について。指名委員会等設置会社以外の株式会社では、3名以上の取締役で構成される取締役会において、議決権を持つ取締役の過半数が出席して、その過半数の決議により業務執行に関する事項を決定し、代表取締役などが業務執行を担当するというしくみを採用しています。

②取締役の職務執行の監督について。取締役会は、代表取締役などの職務執行について、法令や定款に対する違反の有無の他、経営判断として適切かという観点からもチェックします。

具体的には、会社の重要財産の処分や譲受け、多額の借財（借金）など、会社の重要な業務執行の決定は取締役会の専決

第3章 ■ 機　関

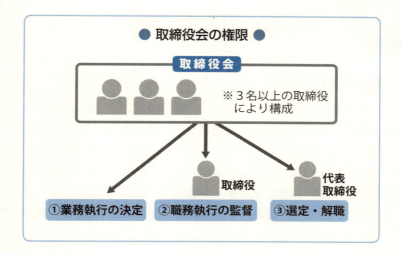

事項であり、取締役（代表取締役など）に委任することはできません。また、大会社（⇨ P.46 参照）かつ取締役会設置会社の取締役会は、会社の業務の適正を確保するための体制（内部統制システム）を構築することが義務づけられています。

そして、会社と取締役との間で訴訟が行われる場合、株主総会で定めをしていなければ、その訴訟に関する会社の代表者を取締役会の決議で定めることができます（監査役設置会社の場合は監査役が会社を代表します）。取締役の競業取引や利益相反取引の承認を行うのも取締役会の重要な権限のひとつです。

③代表取締役の選定・解職について。代表取締役はあくまでも取締役の一員なので、代表取締役を解職されても、取締役であることまで否定されるわけではないことに注意が必要です。

その他、定款の定めによって、自己株式の市場取引や公開買付けによる取得を取締役会で決定することもできます。

10 取締役の権限

取締役会を設置しない会社における取締役の権限

　取締役会を設置しない会社は、取締役が1人でもよいので、比較的小規模な会社が念頭に置かれ、株主と取締役との間に、個人的な信頼関係が築かれていることが少なくありません。そのため、業務執行に関して取締役のもつ裁量は広く、定款で別段の定めがある場合を除き、各取締役が業務執行権限をもっています。ただし、取締役が2人以上いるときは、取締役の過半数の決定に基づき、業務執行権限を行使します。なお、株主総会の決議や、定款の定めに基づく取締役の互選（取締役の中から取締役自身の手によって選出すること）により、会社代表権をもつ代表取締役を定めることもできます。

　一方、各取締役の業務執行に関する監視・監督については、取締役同士が互いに行うことになります。そのため、取締役会設置会社に比べて、取締役を客観的に監視・監督する作用は弱いといわざるを得ません。

　また、代表取締役を定めた場合を除き、各取締役が会社代表権をもちます。対外的な取引において会社を代表することはもちろん、第三者と裁判上の紛争が生じたときも、各取締役が会社の代表者として行動する権限をもちます。そして、会社と取締役との間で訴訟となる場合には、その訴訟に関する会社の代表者を株主総会の決議で定めることができます（監査役設置会社の場合は監査役が会社を代表します）。

　その他、支配人の選任・解任、支店の設置・移転・廃止、株主総会・種類株主総会に関する事項、内部統制システムの整

第3章　機関

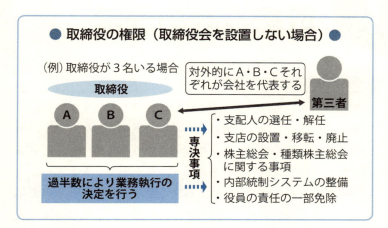

備、取締役の過半数の同意による役員等（取締役や監査役など）の責任の一部免除は、取締役の専決事項であり、他の取締役（代表取締役）に委任することはできません。なお、大会社（⇨P.46参照）の場合、取締役は、会社の業務の適正を確保するための体制（内部統制システム）を構築することが義務づけられます。

取締役会設置会社における取締役の権限

　取締役会設置会社の取締役は、取締役会の構成員として位置付けられており、業務執行権や会社代表権をもちません。業務執行を行うのは、代表取締役や業務執行取締役です（代表取締役は会社代表も行います）。

　業務執行取締役とは、取締役会の決議によって会社の業務を執行する取締役として選任された代表取締役以外の者のことです。代表取締役や業務執行取締役は、3か月に1回以上、取締役会に対して職務執行の状況を報告する義務があります。

11 取締役会の決議

取締役会の招集・決議

　取締役会の招集は、原則として各取締役が行いますが、定款の定めや取締役会決議で取締役の中から招集権者を定めることもできます。この場合でも、招集権者以外の取締役は、招集権者に対して取締役会の招集を請求することができます。

　会社の経営状況については、株主も利害関係をもっています。そこで、取締役が会社の目的外の行為や法令・定款に違反する行為をしている場合か、そのおそれがある場合には、株主も取締役会の招集を請求することができます。ただし、監査役設置会社、指名委員会等設置会社、監査等委員会設置会社の株主には、取締役会の招集請求権がありません。

　取締役会の決議は、過半数の出席で議事を開き、出席取締役の過半数で行いますが、定款でこの割合を増やすことができます。また、決議について特別な利害関係をもつ取締役は、取締役会決議が公正に行われることを妨げるおそれがあるため、決議に参加することができません。たとえば、1人の取締役が所有する不動産について、会社との間で売買契約を締結する際に取締役会決議の承認を求める場合があります（利益相反取引といいます）。この場合、取締役が自己の利益を優先して、会社の利益を害するおそれがあるため、その取締役を取締役会決議に参加させないようなしくみが採られているのです。

　出席取締役や出席監査役は、取締役会の議事録への署名（記名押印）が義務づけられており、出席取締役が議事録に異議を述べない場合は、原則として決議に賛成したと扱われます。

第3章 ■ 機　　関

● 取締役会の招集手続 ●

取締役会の招集

招集権者
各取締役（特定の取締役だけを招集権者とすることもできる）

招集通知
・開催日の1週間前までに行う（定款で短縮できる）
・すべての取締役と監査役に通知する（全員が同意すれば招集手続は不要）

■取締役会決議の合理化

　大きな会社の場合、取締役を一堂に集めて取締役会を開くことが難しい場合もあります。しかし、会社と取締役との関係は信頼関係に基づく委任関係であると考えられていることから、取締役会に出席できない取締役が、代理人を出席させて、その者に議決権を行使させることはできないと解されています。

　もっとも、遠隔地にいる取締役が会議に参加できるよう、モニターや受話器などを通して、音声と映像をお互いに通信しながら行う会議方式（電話会議方式など）は認められています。

　また、会社法は、取締役会に提出された提案につき、取締役会の決議に代えて、取締役全員が書面や電子メールなどの電磁的記録により同意の意思表示をした場合に、その提案を可決したとみなすことを認めています。ただ、このような決議を行うためには定款で定めておくことが必要であり、監査役設置会社では監査役が異議を述べないことが必要です。

71

12 特別取締役による取締役会決議

特別取締役による取締役会決議とは

　取締役会設置会社では、会社の重要な財産の処分・譲受けや多額の借財などの重要事項は、取締役会の専決事項です。しかし、取締役が多数いる会社では、取締役を集めるのに時間がかかってしまうこともあります。これでは、迅速な意思決定ができず、重要な取引の機会を失うこともあります。

　そこで、あらかじめ選定した少数の取締役（特別取締役）の決議によって、会社の重要な財産の処分・譲受けおよび多額の借財について、迅速な意思決定をできるようにしたのが特別取締役による取締役会決議という制度です。

　取締役会決議の場合のように、書面などによる決議に関する規定は設けられていませんので、特別取締役による取締役会決議においては、全員が同意する旨の書面や電磁的記録（電子メールなど）によって決議に代えることはできません。

特別取締役による決議を認めるための要件

　会社法は、次の要件を充たす場合に、特別取締役による取締役会決議を行うことを認めています。なお、社外取締役を特別取締役に選任する必要はありません。

① 指名委員会等設置会社を除く取締役会設置会社である。
② 取締役の員数（人数）が6人以上である。
③ 取締役のうち1人以上が社外取締役である。

　なお、社外取締役は、現在または就任前10年間にその会社や子会社の代表取締役などを務めていないなどの条件があります。

第3章 ■ 機　関

● 特別取締役による取締役会決議 ●

取締役の数が多い会社で迅速な意思決定を可能にする

特別取締役による取締役会決議

決議できる事項
・会社の重要財産の処分・譲受け
・多額の借財

要件
①指名委員会等設置会社を除く取締役会設置会社で
　あること
②取締役の員数（人数）が6人以上であること
③取締役のうち1人以上が社外取締役であること

決議方法
あらかじめ選任した3人以上の取締役（特別取締役）
の過半数が出席し、出席者の過半数によって決議する

報告
特別取締役の互選によって定められた者は、決議後、
決議内容を特別取締役以外の取締役に報告する

決議方法はどうなっているのか

　あらかじめ選定した3人以上の特別取締役のうち、議決に加
わることができる者の過半数が出席し、出席した特別取締役の
過半数によって決議を行います。なお、取締役会の決定でこれ
らの要件を厳格にすることができます。

　特別取締役会の招集は特別取締役が行います。また、この会
議に特別取締役以外の取締役が出席する必要はありません。こ
の会議で決議がなされた後、特別取締役の互選により選ばれた
者は、直ちに決議内容を特別取締役以外の取締役に報告しなけ
ればなりません。

73

13 取締役の人数・資格・任期

取締役の人数・資格

　取締役会を設置しない場合には、取締役は1人以上いればよいのですが、取締役会を設置する場合には、取締役は3人以上必要です。取締役会という会議体を構成する上で最低限3人は必要だからです。取締役は会社の経営者ですから、経営者としてふさわしくない次のような事由（欠格事由）のある者は、取締役にはなれません。

　たとえば、性質上、法人（株式会社など）は取締役になることができません。精神上の障害が原因で、判断能力がないか不十分である人（成年被後見人や被保佐人）も欠格事由にあたります。さらに、法令に規定されている罪を犯し、刑の執行を受けている人も欠格事由に該当します。

　また、非公開会社では、定款の定めにより、取締役を株主に限定できますが、公開会社ではできません。株主以外からも幅広い人材を集めることが目的だからです。

　なお、指名委員会等設置会社・監査等委員会設置会社の取締役は、会社の支配人（会社に雇われている使用人で、広範な代理権を与えられている者）などとの兼任ができません。

取締役の任期は原則として2年

　指名委員会等設置会社以外の会社では、取締役の任期は、原則として2年（選任後2年以内に終了する事業年度のうち、最終のものに関する定時総会の終結の時まで）です。ただ、この任期は定款や株主総会の決議で短縮することもできます。

第3章 ■ 機 関

● 取締役の人数・資格・任期 ●

員数	1人でも可（取締役会を設置する場合には3人以上）
資格がない者	①法人 ②成年被後見人（精神上の障害により判断能力を常に欠く者）または被保佐人（精神上の障害により判断能力が著しく不十分な者） ③会社法、一般法人法の規定に違反し、または金融商品取引法、民事再生法、会社更生法、破産法などに規定する罪を犯し、刑に処せられ執行を終えた日または刑の執行を受けなくなった日から2年を経過していない者 ④その他犯罪を犯し、禁錮以上の刑に処せられ執行を終えていないか、執行を受けないことになっていない者
任期	原則⇒2年（定款・株主総会決議で短縮できる） ※指名委員会等設置会社・監査等委員会設置会社以外の譲渡制限会社⇒最長10年まで伸長できる 【例外①】指名委員会等設置会社⇒1年（短縮可） 【例外②】監査等委員会設置会社 　　　　⇒監査等委員：2年（短縮不可） 　　　　　監査等委員以外：1年（短縮可）

　これに対して、指名委員会等設置会社の取締役の任期は1年で、定款や株主総会決議により、さらに短縮することも可能です。また、監査等委員会設置会社では、取締役が監査等委員である場合には、監査という業務の重要性を考慮して、任期は2年で、定款などによる短縮ができません。一方、監査等委員以外の取締役については、任期は1年で、指名委員会等設置会社と同様に短縮することが可能です。

　指名委員会等設置会社や監査等委員会設置会社以外の非公開会社では、定款の定めによって、取締役の任期を最長10年まで伸ばすことができます。

14 取締役の選任・辞任・解任

どのように選任されるのか

　会社にとって業務執行を担う取締役に誰が選任されるのかは極めて重要な問題です。そこで、取締役の選任については、必ず株主総会の決議（普通決議）を経る必要があります。定足数は、議決権の過半数をもつ株主が出席することが必要で、決議要件は、出席株主の議決権の過半数により決せられます。取締役会設置会社では、多くの事項が取締役会決議により決定されますが、取締役の選任に関する決議を取締役会決議により行うことは許されません。

　このように、会社にとって特に重要な事項ですので、定款の定めで定足数を引き下げることは可能ですが、3分の1未満まで引き下げることは許されません。決議要件は、定款の定めで議決権の過半数を超える要件を設けることが可能です。

自らの意思で辞任ができる

　取締役と会社との関係は、民法上の委任契約に基づきます。そのため取締役は、民法の委任の規定に基づき、いつでも自己の意思によって、取締役を辞任することが可能です。

解任される場合

　取締役は、任期（原則として2年間）の満了によって、取締役の地位から退きます。ただし、解任された場合には、任期途中であっても取締役の地位を離れなければなりません。

　会社法は、株主総会決議（普通決議）によって、理由のいか

第3章 ■ 機 関

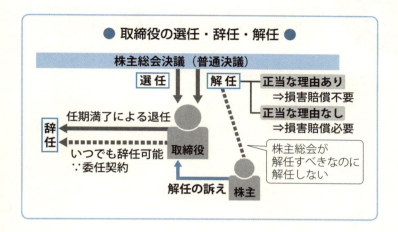

んを問わず、いつでも取締役を解任することが可能です。正当な理由なく取締役を解任する場合は、残りの任期の報酬に相当する金額について、会社は取締役に対して損害賠償義務を負いますが、解任が制限されるわけではありません。

　一方、解任の理由が、取締役の任務懈怠や違法行為など正当なものである場合には、損害賠償をする必要はありません。

解任の訴えが提起される場合もある

　株主総会決議によっても、取締役の解任は可能ですが、少数株主が特定の取締役の解任決議案を提出しても、株主の多数派により否決されてしまうおそれがあります。

　そこで、取締役に違法行為などがあるにもかかわらず、株主総会決議において取締役の解任が否決された場合、6か月前から引き続き総株主の議決権の 100 分の 3 以上か、発行済み株式の 100 分の 3 以上をもつ株主は、株主総会決議後 30 日以内に、裁判所に対して取締役の解任の訴えを提起できます。

15 取締役と会社の関係

取締役と会社との関係

取締役は株主総会での選任を通じて、経営の専門家として会社の経営を担当します。会社の信任に基づく取締役との間の法律上の関係は、委任契約にあたります。そのため、取締役は受任者として、委任者である会社に対して業務の依頼を受けた趣旨に反しないように、会社の運営を監視・監督する義務（善管注意義務）を負います。

また、取締役は、法令・定款・株主総会決議を遵守し、会社に対して忠実に職務を行う義務（忠実義務）を負います。もっとも、忠実義務と善管注意義務の関係については、解釈上争いがあるところですが、判例は、忠実義務は善管注意義務を明確にしたにとどまるという立場をとっています。

この忠実義務から派生する義務として、取締役は、他の取締役の職務遂行を監視する義務を負いますし、大会社では会社の業務の適正を確保するための体制（内部統制システム）を構築することが義務づけられています。さらに、取締役は会社に著しい損害を及ぼすおそれのある事実を発見したときは、すぐに報告する義務があります。

取締役の会社に対する責任

取締役は、会社に対して善管注意義務や忠実義務を負うので、それに違反して法令違反行為をするなど、取締役としての任務を怠り、会社に損害を与えた場合には、会社に対して損害賠償責任を負います。これを任務懈怠責任といいます。任務懈怠責

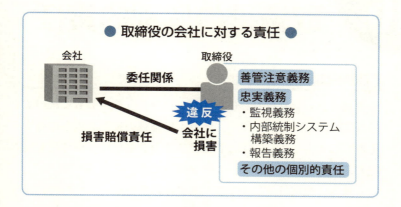

任は過失責任であって、取締役は、自らに過失がなければ、任務懈怠責任を免れることができると解されています。

また、任務懈怠責任を負う取締役が複数いる場合、各取締役の責任は個別の責任でなく、連帯責任（連帯債務）として扱われます。

さらに、取締役が競業取引の規制に違反するか、利益相反取引をすることにより、会社に損害を与えた場合は、後述する推定規定によって損害額や任務懈怠が推定されるので、会社が取締役に対して責任追及しやすくなります。

なお、会社経営にはリスクがつきものですから、取締役の経営判断が結果として誤っていたため、会社に損害を与えることも珍しくありません。しかし、後述するように、取締役が経営者としての合理的な判断に基づいて、誠実に業務を執行していたといえる場合には、会社に対して損害賠償責任を負わないとの考え方があります。これを経営判断の法則といいます。取締役が会社に損失を与えたという一事のみをもって、責任を課すことを防ぐ目的があります。

16 取締役の個別的責任

個別的な責任規定とは

取締役は、会社に対し任務懈怠責任を負う他、おもに次のような個別的責任も負います。どれも取締役の権限濫用を抑制するための規定です。③④の責任は任務懈怠責任について推定規定がある特別な場合ということができます。

① 株主の権利行使に関する利益供与の禁止

会社法は、株主総会の公正・適正を保つため、株主の権利の行使に関して、会社が財産上の利益（金銭など）を供与することを禁じています。利益供与の相手方については「何人に対しても」と規定していることから、株主以外の第三者（総会屋などが想定されています）に対する利益供与も禁止されます。

これに違反して利益供与が行われ、会社から利益を受けた者は、その利益を会社に返還しなければなりません。また、利益供与に関与した取締役は、供与した利益相当額を会社に対して返還する責任を負います。利益供与を行った取締役は無過失責任を負いますが、それ以外の利益供与に関与したにすぎない取締役は、職務を行う際に注意を怠らなかったことを証明できれば、返還義務を免れることができます（過失責任）。

② 剰余金の配当規制

剰余金（株主に配当する金銭）が過度に支払われると、会社財産が不当に減少します。そこで会社法は、分配可能額を超えた剰余金の配当や自己株式の取得を禁止しています。これに違反した場合、配当に関与した取締役は、配当金額を会社に対して支払わなければなりません（①と同様の過失責任です）。

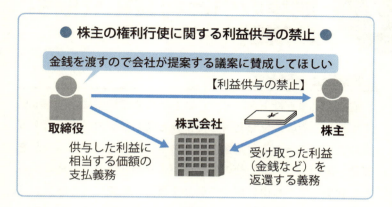

③ 競業避止義務（競業取引の制限）

　顧客情報やノウハウをもつ取締役が会社の競争相手となって取引（競業取引）をすることになれば、会社の利益を害する可能性があります。会社法は、競業取引をする場合には、株主総会（取締役会設置会社の場合は取締役会）の承認を必要としています。これに違反して競業取引を行った取締役は、その取引によって得た利益が損害であると推定され（推定規定）、これを会社に対して賠償する責任を負うことになります。

④ 利益相反取引の制限

　取締役が会社の利益に反する取引（利益相反取引）を行う場合には、株主総会（取締役会設置会社の場合は取締役会）の承認が必要です。また、取締役の利益相反取引により会社に損害が生じたときは、取締役の任務懈怠が推定され（推定規定）、その損害を会社に対して賠償する責任を負うことになります。

　利益相反取引のうち「直接取引」（取締役が自己や第三者のために会社と取引する場合）をした取締役は、無過失責任を負います。

17 競業取引と利益相反取引 の規制

競業避止義務とは

　取締役（執行役を含みます）は会社の営業機密に精通していますから、その地位を利用して会社と同じ種類の営業を行えば、会社に損害を与える危険性があります。たとえば、ある商品を製造・販売している会社の取締役が、そのノウハウや顧客ルートを利用して、自由に類似の商品を製造・販売できるとすれば、会社は取引先を奪われるなどの損害を被るでしょう。

　そこで会社法は、取締役が、自己や第三者のために、会社と同じ種類の事業に属する取引（競業取引）を行う場合は、事前に株主総会（取締役会設置会社の場合は取締役会）において、重要な事実を示した上で、承認を得ることを要求しています。これを競業避止義務といいます。

　競業取引に該当するかどうかは、現在または将来にわたって、市場において会社の取引と競合する可能性があるかどうかによって判断します。具体的には、会社が行っている事業と同一のマーケティングで、取り扱う目的物や、仕入れる取引先が競合するために、会社と利害が対立する場合は、競業取引と判断されることになります。

　裁判例では、現在は別の地域で会社が事業運営を行っているとしても、取締役が会社と同一の事業を始めようとしている地域が、会社が具体的に進出を検討している地域で、準備が相当程度進んでいる場合は、競業取引にあたると判断しています。

　また、会社法は、第三者のために行う競業取引も規制の対象に含めています。たとえば、取締役自身が競業する事業を行う

第3章 ■ 機 関

● 競業取引と利益相反取引の規制 ●

取締役・執行役の競業取引・利益相反取引	事前に会社の承認を必要とする
自分や第三者の利益を図り、会社に損害を与える危険	株主総会または取締役会（取締役会設置会社の場合）の承認
会社に損害が生じた場合、取締役・執行役は損害賠償責任を負う	

わけではなくても、会社と同一の事業を運営する他社の代表取締役に就任する場合などが、第三者のために競業取引を行う場合と判断されることになります。

　なお、会社法が要求している「重要な事実を開示して承認を受ける」とは、会社に対して、行おうとする事業の取引先や目的物の価格、会社に影響を与える度合いを測り知ることができる事実を指します。取締役会設置会社においては、承認は取締役会から得る必要がありますが、事後的にチェックするしくみも用意されています。それは取締役が承認を得た上で競業取引を行った場合、問題になっている取引を行った後、遅滞なく取締役会に報告しなければならないとする規定です。

▍競業避止義務に違反して競業取引を行った場合

　取締役の競業取引によって会社に損害が生じた場合、会社の承認の有無を問わず、取締役は会社に対して損害賠償責任（任務懈怠責任）を負います。ただし、会社の承認を受けていないときは、取締役が競業取引によって得た利益が会社の損害と推

83

定されます。つまり、競業取引の承認がない場合、会社は取締役の得た利益のすべてを賠償金として請求できるわけです。

ただし、注意が必要なのは、会社の承認を得ずに競業取引をしても、その取引の効果自体は無効にはならないことです。

競業避止取引に関する規定は、会社への重大な損失を与えかねない取締役の行為を規制する点で、会社にとっては非常に重要な制度です。しかし、競業取引の承認の有無は会社内部の問題であり、会社内部の承認を得ていなかったという事情で取引の効力が覆されては、取引の相手方が不測の損害を受けるおそれがあり、取引の安全が害されます。そこで、会社法は、承認を得ずに行われた競業取引であっても、それを無効とせずに、取締役に損害賠償責任を課しているのです。

▌利益相反取引とは

取締役（執行役を含みます）は、会社経営について大きな権限をもつため、その権限を利用して不当に利益を得る危険性があります。たとえば、取締役が自分の所有する不動産を、相場よりも高い値段で会社に売りつける場合です。このように、取締役と会社との間で利益が相反するおそれのある取引のことを利益相反取引といいます。会社法は、取締役が利益相反取引をするときは、事前に株主総会（取締役会設置会社では取締役会）の承認を得なければならないとしています。また、取締役会設置会社では、承認を得た利益相反取引であっても、取引を行った後、すぐに問題の取引の重要事実に関して取締役会に報告する必要があります。

利益相反取引として規制対象に含まれる行為は、直接取引と間接取引に分類されます。直接取引とは、取締役が自己や第三

者のために会社と取引する場合をいいます。たとえば、取締役と会社との間で、取締役自身のために不動産の売買契約を締結する場合が挙げられます。

　一方、間接取引とは、会社と取締役が直接契約の当事者とはならないものの、その取引によって取締役の有利に働く反面、会社の不利に働く取引をいいます。たとえば、会社が取締役の債務を保証するために取締役以外の者との間で保証契約を締結する場合が挙げられます。この場合、保証契約は会社と第三者との間で締結されるため、間接取引となります。

利益相反取引の規制に違反した場合

　取締役が利益相反取引を行って会社に損害が生じた場合、会社の承認の有無を問わず、取締役は会社に対して連帯して損害賠償責任を負います（任務懈怠責任）。このとき、取引に関与するか、決議に賛成した取締役の任務懈怠が推定されるとともに（推定規定）、直接取引をした取締役は不注意がなくても任務懈怠責任を負います（無過失責任）。

　一方、会社の承認の有無は、利益相反取引の効果に影響します。まず直接取引の場合は、契約当事者が会社と問題の取締役のみであって、取引の効果を否定しても第三者に影響を与えることが原則としてないため、会社の承認を得ずに行った取引は無効と解されています。これに対して、間接取引の場合は、判例が会社の承認を得ずに行われた取引は原則として有効と判断しています。ただし、取引の相手方が、その取引が利益相反取引に該当し、必要な承認を得ずに行われたことを知っていた場合（悪意）には、その相手方に対しても、その取引が無効であると主張することができるという立場をとっています。

85

18 取締役の任務懈怠責任を緩和する規定

責任の緩和について

　取締役に高額な賠償責任を負わせると、取締役の行動が萎縮してしまう可能性があります。そこで会社法は、次のように取締役の会社に対する責任を緩和できるとしています。

① 総株主の同意による責任免除

　取締役の任務懈怠責任については、総株主の同意があれば、その責任の全部を免除することができます。

② 責任の一部免除

　取締役が職務違反について知らず（善意）、知らないことについて重大な不注意がない場合（無重過失）、取締役の任務懈怠責任については、株主総会の特別決議によって、その責任の一部を免除することができます。

　具体的には、賠償責任額から取締役が在職中に会社から受ける報酬などの6年分（代表取締役の場合）、4年分（業務執行取締役の場合）、2年分（その他の取締役の場合）に相当する額（最低責任限度額といいます）を、それぞれ控除して得た額を限度として免除ができます。

③ 定款の定めによる責任の一部免除

　監査役設置会社・指名委員会等設置会社・監査等委員会設置会社では、取締役が職務執行につき善意かつ無重過失である場合において、特に必要と認めるときは、問題になっている取締役以外の取締役の過半数の同意（取締役会設置会社の場合は取締役会の決議）によって、取締役の責任の一部を免除できることを定款で定めることができます。

第3章 ■ 機　関

● 取締役の任務懈怠責任の緩和 ●

取締役の会社に対する任務懈怠責任

①責任の全部免除
「総株主の同意」が必要

②責任の一部免除
ⅰ 取締役が善意かつ無重過失であり、
ⅱ 株主総会の特別決議がある場合

全賠償額－（ⓐ＋ⓑ）を限度として免除できる

ⓐ取締役が在職中に受ける報酬など
　代表取締役…６年分　　業務執行取締役…４年分
　その他の取締役…２年分
ⓑ取締役が新株予約権を引き受けた場合のその利
　益配当額

③定款の定めによる責任の一部免除
定款の定めによって、責任の一部免除を取締役の過
半数の同意または取締役会の決議に委ねることがで
きる

④責任限定契約
善意かつ無重過失の非業務執行取締役等の責任を限
定する契約を結べる旨を定款で定めることができる

　免除できる金額の限度は、上記の株主総会の特別決議によっ
て控除が認められる金額と同じです。

④　責任限定契約

　会社は、職務執行について善意かつ無重過失の場合には、任
務懈怠責任を限定できるとする契約を、非業務執行取締役（代
表取締役や業務執行取締役に該当しない取締役）との間で締結
することができることを定款で定めることができます。

　責任限度額については、会社が定めた額を基準に、最低責任
限度額と比較して、高い金額が責任限度額になります。

87

19 取締役の責任が推定される場合・経営判断の法則

▌任務懈怠や損害額が推定されることがある

会社法は取締役に対して、前述した任務懈怠責任や利益供与の禁止など、さまざまな責任を課しています。それらの規定の中には、取締役の任務懈怠や損害額などを推定する「推定規定」を置いている場合があります。ここでは代表的な利益相反取引と競業取引に関する推定規定を見ていきます。

① 任務懈怠の推定

取締役が利益相反取引を行った結果、会社に損害が生じた場合は、その利益相反取引について会社の承認があったか否かに関係なく、損害賠償責任を負います。その際に、利益相反取引を行った取締役に加えて、利益相反取引の決議に賛成した取締役や、議事録に異議をとどめなかった取締役が、任務を怠った（任務懈怠がある）と推定されます。

推定とは、反対の証明をしない限り、そのような事実があると扱われてしまうことですから、取締役が責任を免れるためには、自分が任務を怠らなかったことを積極的に証明する必要があるのです。

ただし、監査等委員会設置会社においては、利益相反取引について、事前に監査等委員会の承認を得た場合には、後に会社に損害が生じた場合であっても、取締役の任務懈怠が推定されることはないという例外があります。

② 競業取引をした場合の損害額の推定

取締役が会社の承認を得ずに競業取引をした場合は、その取引によって取締役、執行役、第三者が得た利益の額が会社に生

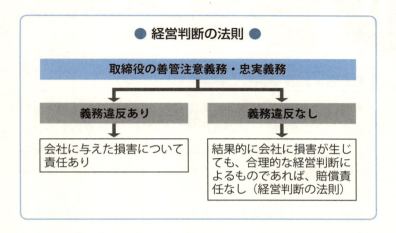

じた損害の額と推定されます。このとき、取締役が会社に対して支払うべき賠償額を減らすためには、会社に生じた損害の額を積極的に証明する必要があります。

経営判断の法則とは

以上のように、取締役の責任は重いものですが、取締役の責任を緩和するため、判例や学説が認めている考え方として経営判断の法則（ビジネス・ジャッジメント・ルール）があります。経営判断の法則とは、予測的で専門的な判断を必要とする会社経営については、取締役の裁量を広く認め、結果として会社に損害をもたらしたとしても、それが合理的な経営判断によるものであれば、取締役の責任を問わないとする考え方です。

会社に損害が生じた場合、常に取締役が責任を負わなければならないとすると、取締役が後の損害賠償責任を恐れて、消極的な経営に終始することがあるため、経営判断の法則による取締役の責任緩和が認められています。

20 取締役の第三者に対する責任

第三者に対する責任とは

　取締役は会社と委任関係にあるため、会社に対して契約上の責任を負いますが、会社以外の第三者に対しては契約上の責任を負いません。したがって、取締役が第三者に損害を与えた場合、第三者は、違法行為をした取締役に対して不法行為責任を追及することになりますが、それだけでは十分といえません。

　社会的にも重要な地位を占める会社において、中心的な役割を担う取締役が違法行為を行えば、第三者にも大きな影響を与えます。そこで会社法は、取締役の第三者に対する特別の責任を課しています。具体的には、取締役が任務懈怠を知っている（悪意）か、重大な不注意で知らず（重過失）、第三者に対して損害を与えた場合に、その損害の賠償責任を負います。

　取締役が賠償すべき損害は、直接損害と間接損害に分類されます。直接損害とは、取締役が第三者に対して直接与えた損害のことです。たとえば、代表取締役が会社の経営状態が悪化しているにもかかわらず、取引先との間で大量の物品を購入する売買契約を締結し、代金支払ができなかった場合のように、直接的に取引の相手方に損害が発生する場合をいいます。

　一方、間接損害とは、取締役の行為により、まず会社に損害が生じ、その結果として第三者に生じた損害をいいます。たとえば、代表取締役が経営状態の悪化している他社に対して無謀な貸付を行ったため、資金を回収することができず、そのために自社も倒産に追い込まれて、債権者が債権を回収する機会を奪われたという場合が挙げられます。

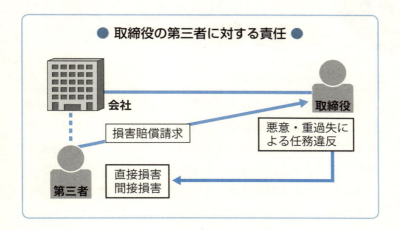

取締役の第三者に対する責任は、原則として直接損害・間接損害の双方が賠償の対象に含まれると解されています。特に間接損害は、財産的基盤の脆弱な小規模会社の債権者が、会社に対する責任追及だけでは十分とはいえない場合に、取締役の個人責任を追及するためのものとして重要です。

責任を負う取締役

小規模会社では、実際に取締役の職務を行わないにもかかわらず、取締役として名前を連ねている者もいます。このような取締役を名目的取締役といいます。名目的取締役であっても、任務を怠って第三者に対して損害を与えれば、損害賠償責任を負うことになります。

また、取締役ではないが取締役として登記され、その不実の登記にその者が関与していた場合(登記簿上の取締役)や、違法な株主総会で選任された取締役であっても、取締役と同様、第三者に対して損害賠償責任を負うことがあります。

21 取締役の違法行為を是正する手段

違法行為の差止請求権

　会社の経営者である取締役がその権限を濫用することになれば、会社に多大な損害が生じる可能性があります。まず、取締役の違法行為を未然に阻止する手段として、株主による取締役の違法行為の差止請求権があります。

　違法行為の差止請求権は、1株の株主でも行使できます（単独株主権）。ただし、公開会社の場合には、原則として6か月前から株式をもち続けている株主でなければなりません。非公開会社の場合には、株式の保有期間に関係なく、株主であれば誰でも権利行使が可能です。

　株主が違法行為の差止請求権を行使するためには、取締役が会社の目的の範囲外の行為や法令・定款に違反する行為をしているか、それらをするおそれがある場合であって、それらの行為によって会社に「著しい損害」が生じるおそれのあることが必要です。

　ただし、監査役設置会社・指名委員会等設置会社・監査等委員会設置会社の場合は、違法行為の差止請求権を行使するための要件として、著しい損害ではなく「回復することができない損害」が生じるおそれのあることが必要です。監査役設置会社では監査役、指名委員会等設置会社では監査委員、監査等委員会設置会社では監査等委員が、それぞれ取締役を監視・監督する機関として置かれており、これらの者が会社に「著しい損害」が生じるおそれがある場合に、取締役の違法行為の差止めを請求することができるからです。

第3章 ■ 機 関

● 取締役の違法行為を是正する手段 ●

違法行為差止請求権 … １株のみをもつ株主でも請求できる（単独株主権）

株主総会での解任 … 普通決議でいつでも解任できる

否決されてから30日以内

解任請求の訴え … 総株主の議決権または発行済株式の３％以上をもつ株主が提起できる（少数株主権）

┃取締役の解任の訴え

　取締役は、株主総会の普通決議により、いつでも解任することができます（解任について特段の理由は不要です）。解任権の行使によって取締役の違法行為を抑制することができます。

　しかし、株主総会の決議は多数決でなされるため、取締役の違法行為が見逃されることもあります。そこで、少数株主権として、株主には裁判所に対して取締役の解任の訴えを提起する権利が認められています。

　取締役の解任の訴えは、総株主の議決権の３％以上の議決権か、発行済株式の３％以上の株式をもつ株主が提起することができます。公開会社の場合は、原則として６か月前から株式をもち続けている必要がありますが、非公開会社の場合は、株式の保有期間は必要ありません。株主が解任の訴えを提起するためには、取締役について職務上の不正行為や法令・定款違反行為があったにもかかわらず、その取締役の解任が株主総会などで否決されたことが必要です。また、株主総会決議の日から30日以内に訴訟を提起しなければなりません。

22 代表取締役

代表取締役とは

　代表取締役は、会社の代表者として会社の業務に関する一切の行為をする権限をもっています。取締役会を設置しない会社では、代表取締役の設置は任意であるのに対し、取締役会設置会社では、代表取締役を必ず置かなければなりません。なお、指名委員会等設置会社では代表取締役が置かれず、業務の執行権や会社の代表権を持つのは執行役や代表執行役です。

　代表取締役は、会社の代表者として会社の業務に関する一切の行為をする権限をもつため、その行為の影響は大きなものとなります。そのため、会社法の規定や判例などによって、代表取締役の行為について、次のような規律がなされています。

① 代表権の制限

　代表取締役の権限が会社の事情で制限されていた場合、そのことを常に第三者に主張できるとすれば、第三者に予期せぬ損害を生じる可能性があります。会社法は、会社が代表取締役の権限に制限を加えても、そのことを知らない（善意の）第三者に対して、その制限の主張を認めないことにしています。

② 第三者に対する責任

　代表取締役は会社の代表者であり、その職務行為は会社の行為として扱われることから、代表取締役が職務行為をする上で第三者に損害を与えた場合、会社は損害賠償責任を負います。

③ 代表権の濫用

　代表取締役が自己や第三者の利益を図る意図で職務行為をした（代表権の濫用）としても、原則としてその職務行為は有効

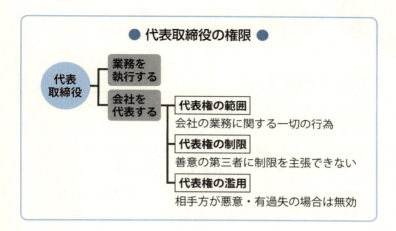

です。しかし、判例は、相手方が代表権の濫用を知っている（悪意）か、知らないことについて不注意（過失）があった場合には、その職務行為は無効になるとしています。

④ 決議に基づかない行為

株主総会や取締役会の決議を必要とする行為について、代表取締役が決議に基づかないでした場合は、会社の利益と取引の相手方の利益を考えて、ケース・バイ・ケースで、その行為が有効か無効かを判断することになります。

たとえば、重要な財産の処分は取締役会の専決事項ですが、代表取締役が取締役会の決議を経ずに、重要な財産を売却する契約を結んだ場合が挙げられます。

判例はこの場合に関して、基本的に会社内部の取決めに反したもので、取引の安全を考慮する必要があるとの立場から、取引の相手方が、必要な決議を経ていないことを知っていたか（悪意）、知らないことについて不注意（過失）がある場合に、その契約が無効になるとしています。

23 表見代表取締役

表見代表取締役とは

　会社の代表権をもつ代表取締役は、会長・社長・副社長など
の肩書きをもっているのが通常です。しかし、社長などの肩書
きをもつ者が、実際には会社の代表権をもっていないケースも
あります。会社法は、代表権はもたないが、代表者らしい肩書
き（名称）をもつ取締役の行為について、代表権があると信じ
て（善意で）取引をした第三者に対して、会社は責任を負うも
のとしています。つまり、その取締役が行った契約などについ
て、取引の相手方と会社との間で契約などが締結されたのと同
じ効果が発生します。この制度を表見代表取締役といいます。

　表見代表取締役の行為について、会社が第三者に対して責任
を負うためには、以下の3つの要件を充たす必要があります。

① 代表者らしい名称

　第三者が「代表者であると信じるのはもっともだ」と納得で
きる名称がついていることが必要です。会長、社長、副社長の
他にも、CEO（最高経営責任者）、COO（最高執行責任者）な
どの名称がついている取締役が表見代表取締役にあたります。

② 名称使用の許諾

　会社に責任があるといえるためには、会社が代表者らしい名
称の使用を認めていることが必要です。会社が名称の使用を黙
認していた場合も含まれます。取締役が勝手に使用している場
合は含まれません。

③ 第三者の信頼

　表見代表取締役の制度は、正当な第三者の信頼を保護する制

第3章 ■ 機 関

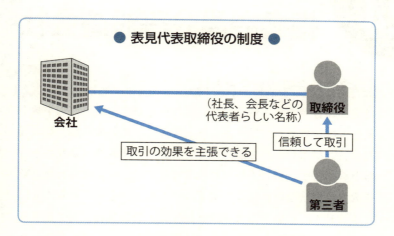

度ですから、第三者が取締役に代表権がないことを信じて（善意で）取引をしたことが必要です。判例は、代表権がないことを重大な不注意により知らなかった場合（重過失）、第三者は保護されないとしています（軽過失なら保護されます）。

取締役でなくても責任を負うこともある

　表見代表取締役の制度に基づく責任を認めるためには、代表者らしい「取締役」であることが必要なので、取締役以外の者に代表権のあるような名称がついていても、本来は表見代表取締役にはあたりません。しかし、判例は、取締役でない者の行為についても、会社が責任を負う場合を認めています。たとえば、従業員に常務取締役という名称を与えた場合、この者の行為について、会社に対する効果が肯定された事例がありました。
　たとえば、無効な取締役選任決議で選ばれた者や、会社と雇用関係にある使用人であっても、会社が代表者らしい名称の使用を許諾していた場合は、会社が責任を負うことがあります。

24 指名委員会等設置会社

指名委員会等設置会社とは

　業務執行者である執行役と、それを監督するために過半数が社外取締役によって構成される三委員会（指名委員会、監査委員会、報酬委員会）を設置している会社を指名委員会等設置会社といいます。指名委員会等設置会社には、取締役会と会計監査人を設置しなければなりませんが、監査役を設置することはできません。指名委員会等設置会社は、業務執行に関する事項についての権限の多くを執行役に委ねることで、取締役会の機能を経営についての基本的な意思決定に限定するとともに、業務執行機関としての執行役の監督権限を持たせています。

　執行役や三委員会の委員は、取締役会の決議で選任・解任されます。取締役会は執行役の中から代表執行役を選定します。

　一方、三委員会の委員は取締役の中から選任されます。各委員会の委員は3人以上で、その過半数は社外取締役でなければなりません。なお、複数の委員会の兼務が可能です。

　株式会社は従来から代表取締役の権限が強く、取締役の選任についても、代表取締役が意中の人物を選任することが多く、代表取締役などの客観的な監督機能を果たすことが困難であるという弊害が主張されていました。そのため、社外取締役をとり入れることにより、経営陣に対する適切で客観的な監督作用を充実させるために、過半数が社外取締役でなければならないとの規定が置かれています。

第3章 ■ 機　関

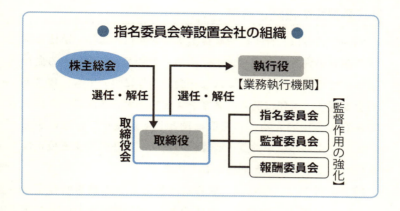

執行役の権限と責任

　執行役（代表執行役を含む）は、取締役会から委任を受けた業務執行を決定し、取締役会が決定した業務を執行します。取締役と同様に、法人や成年被後見人などは執行役になることができません（欠格事由）。執行役の任期は、原則として1年であり、定款でさらに短縮することも認められています。

　執行役は、会社との間では委任関係に基づいていますので、取締役と同様に、善管注意義務や忠実義務（⇨ P.78 参照）を負います。また、執行役が競業取引や利益相反取引を行う場合には、取締役会の承認を得なければならない点も、取締役と異なるところはありません。

　さらに、執行役が会社に対して任務懈怠責任を負うことや、執行役が職務遂行にあたり悪意または重過失により第三者に与えた損害を賠償する責任を負うことも、取締役の場合と変わりません。

　執行役は、会社に著しい損害を及ぼすおそれのある事実を発見した時は、監査委員に報告する義務を負います。

99

三委員会の権限と責任

指名委員会は、株主総会に提出する取締役の選任・解任に関する議案の内容を決定します。また、会計参与を設置する会社については、取締役だけではなく会計参与についても、指名委員会が選任・解任に関する議案を決定します。これにより代表取締役の意中の人物のみを取締役として選任していないかをチェックする作用が働き、取締役の選任・解任に関する公正性を保つことができると期待されています。

監査委員会は、執行役・取締役・会計参与の職務執行を監査し、会計監査人の選任・解任などの議案の内容を決定します。監査委員会の委員は、いつでも職務執行について報告を求め、業務・財産の状況を調査することができます。また、執行役や取締役の違法・不正な行為を取締役会に報告する義務を負い、会社に著しい損害が生じるおそれがある場合に違法行為の差止請求権を行使することもできます。なお、監査役設置会社と異なり、監査委員会の委員はあくまでも取締役会の一員ですので、内部自浄作用が期待されるところで、内部統制システムの一環として、監査機能を果たすことが予定されています。

報酬委員会は、執行役や取締役の個人別の報酬等の内容を決定します。つまり、財務的な観点から執行役に対する監督作用を果たすことが目的です。執行役が支配人などその他の使用人としての地位を兼ね備えている場合には、その使用人としての報酬等の内容も報酬委員会が決定することができます。

執行役・各委員会と取締役会との関係

指名委員会等設置会社では、執行役（代表執行役）が業務執行を行いますから、取締役は、法律に定めがない限り、業務執

第3章 ■ 機 関

行をすることはできません。

指名委員会等設置会社における取締役会の権限は、経営の基本方針や監査委員会の職務執行に必要な事項、内部統制システムの整備などの決定の他、執行役の職務執行を監督することです。また、取締役会決議によって、業務執行の決定を執行役に委任することもできますが、一定の重要事項の決定は、執行役に委任できないものとしています（専決事項といいます）。たとえば、株式の譲渡承認に関する事項、競業取引や利益相反取引の承認、定款の定めによる取締役の責任の一部免除、中間配当、合併や会社分割の決定などは、取締役会で決定しなければなりません。

取締役会の招集は、三委員会により選定された者が行うのが原則ですが、執行役が招集できる場合もあります。執行役が取締役会を招集するように請求した日から2週間以内の日に招集するという通知を、請求日から5日以内に取締役が発信しない場合には、執行役自らが取締役会を招集できます。

三委員会が委員の中から選定する者は、取締役会において職務執行の状況を報告する義務があります。また、執行役は3か月に1回以上、自分の職務執行の状況を取締役会に報告しなければならず、取締役会の要求があった場合には、取締役会に出席し、求められた事項について説明をしなければなりません。

指名委員会等設置会社では、三委員会と取締役会が緊密に連携しあっていますが、各委員会は取締役会から独立した権限をもっています。そのため、指名委員会による取締役の選任・解任に関する議案の決定や、報酬委員会による取締役・執行役の報酬の決定などについて、取締役会の承認は不要です。

25 監査等委員会設置会社

監査等委員会設置会社とは

　定款の定めにより、取締役会のひとつの機関として監査等委員会を設置することを決定した株式会社を監査等委員会設置会社といいます。監査等委員会は、取締役の職務執行の監査などの監査権限を担います。

　監査等委員会は取締役会の一機関ですので、必然的に取締役会設置会社でなければならず、取締役の中に、監査等委員である取締役と、その他の取締役が存在します。監査権限を持つ機関の重複を避けるため、監査役を置くことはできません。

　監査等委員である取締役は、他の取締役とは別に、株主総会の普通決議により選任されます。人数は3人以上必要で、他の取締役の任期（1年）とは異なり、原則として任期は2年です（定款の定めによる任期の短縮はできません）。もっとも、監査等委員は取締役ですので、監査役とは異なり、取締役会での議決権を持ちます。また、監査権限を適切に行使するため、監査等委員の過半数は社外取締役でなければなりません。

　監査等委員を解任する場合は、監査権限を持つという特殊性から、株主総会の特別決議が必要です。また、客観的で公正な監査機能を果たすため、監査等委員である取締役は、代表取締役や業務執行取締役との兼任ができません。

監査等委員会の権限など

　監査等委員会のおもな権限は、取締役の職務執行の監査を行い、監査報告を作成することです。指名委員会等設置会社にお

第3章 ■ 機　関

● 監査等委員の権限 ●

監査等委員会
取締役会の一機関として社外取締役が過半数である3名以上の取締役により構成される

監査等委員会の権限

- 職務の監査・監査報告の作成
- 株主総会に提出する会計監査人の選任・解任の議案内容の決定
- 監査等委員以外の取締役の選任・解任、報酬等に関する意見の決定
- 取締役や使用人に対する業務報告の要求、会社や子会社の業務・財産の状況に対する調査

ける監査委員と同様に、監査等委員はあくまでも取締役会の一機関ですので、監査役会設置会社の監査役のように、独立した機関として監査を担当するのではなく、取締役会の内部統制システムを利用して、監査機能を果たすことになります。

　また、株主総会に提出する会計監査人の選任・解任に関する議案の決定や、監査等委員以外の取締役の選任・解任や報酬等に関する意見の決定もできます。さらに、取締役の不当・不正な行為を発見したときに取締役会へ報告する義務を負います。

　取締役会に関しては、監査等委員会設置会社以外の取締役会の権限と大きく異なるところはありません。もっとも、業務執行を代表取締役などに委任し、その者を社外取締役が過半数を占める取締役会の一機関である監査等委員会が監査する制度になっています。そのため、取締役会は経営の基本方針を決定するとともに、本来は大会社に義務づけられている内部統制システムの整備について、監査等委員会設置会社では大会社以外にも義務づけられているという特徴があります。

26 監査役

監査役とは

取締役は、株主による監督是正や取締役会による監督を受けますが、株主によるチェックには限界がありますし、取締役会によるチェックも同僚意識からうまく機能しないのが現実です。

そこで会社法は、株式会社における監査専門機関として監査役を用意しています。監査役を設置する会社や監査役の設置義務がある会社を監査役設置会社といいます。監査役は、株主総会の普通決議で選任されますが、解任する場合は株主総会の特別決議が必要です。なお、監査役の選任に関する定足数の引下げは可能ですが、3分の1未満にまで引き下げることはできません。

監査役にも取締役と同様の欠格事由があります。また、監査役は、その会社や子会社の取締役、執行役、支配人などを兼ねることはできません（兼業規制）。

監査役の任期は、原則として4年（選任後4年以内に終了する事業年度のうち最終のものに関する定時総会の終結の時まで）です。非公開会社の場合は、定款の定めによって、任期を最長10年まで伸ばすことができます。そして、監査役会設置会社では、監査役は3人以上置かなければならず、その半数以上は社外監査役でなければなりません。

監査役の権限・責任

監査役は取締役の職務執行を監査する権限をもちます。監査は、会社の財政状況を監査する会計監査と、取締役らの業務執

第3章 ■ 機 関

監査役のおもな権限
- 業務や財産状況の報告を受ける／調査をする
- 取締役の違法行為の差止請求
- 取締役と会社との間の訴訟における会社の代表

会計監査
貸借対照表や計算書類の監査

業務監査
取締役の職務執行が法令や定款に適合しているかを監査

行を監査する業務監査に分けられます。監査役が行う業務監査は、法令・定款違反の有無のチェックであって、経営手法として適切かどうかのチェックではありません。

　監査役会設置会社・会計監査人設置会社以外の非公開会社では、定款の定めにより監査役の権限を会計監査に限定できますが、この場合は監査役設置会社と認められなくなります。

　監査役は、取締役や使用人（支配人など）に事業の報告を求めて、会社の業務・財産の状況の調査ができます。取締役の違法行為の差止請求ができる他、会社と取締役との間の訴訟について会社を代表します。監査役は、必要があると認めるときは、取締役会に出席して意見を述べなければなりませんし、取締役（招集権者）に対して取締役会の招集請求もできます。

　また、取締役の違法・不正な行為を取締役（取締役会設置会社の場合は取締役会）に報告する義務を負い、取締役が株主総会に提出する議案・書類の違法・不当に関する調査結果を株主総会に報告する義務を負います。監査役は取締役と同様、会社に対する任務懈怠責任や第三者に対する責任も負います。

27 監査役会

監査役会とは

　監査役全員で構成される監査のための会議体を監査役会といいます。おもに大規模な会社の監査を強化するための機関ですが、小規模な会社でも監査役会を設置できます。複数名の監査役により構成される集合体としての監査役会を設置することで、監査役が個人のみの場合と比較して、相対的に取締役に対する監査機能を強化することが目的です。

　指名委員会等設置会社・監査等委員会設置会社以外の公開会社である大会社には、監査役会の設置が義務づけられています。監査役会を設置する会社を監査役会設置会社といいます。

　監査役会は3人以上の監査役で構成され、そのうち半数以上は社外監査役でなければなりません。会社の内部者、特に業務執行を担う取締役の影響を強く受ける者だけが監査役に就任しても、適正な監査は期待できず、外部者からの客観的な視点に基づく監査を可能にする必要があるからです。監査役会を設置する際は、監査役の中から1人以上、営業時間中は監査の職務に専念する常勤監査役を選定しなければなりません。

監査役会の権限

　監査役会は、株主総会に提出する監査報告を作成し、常勤監査役を選定・解職する権限をもちます。

　また、監査の方針や業務・財産状況の調査方法など、監査役の職務事項を決定する権限をもちます。ただし、監査役はあくまでも各自が独立して権限を行使する機関ですので（独任制と

第3章 ■ 機　関

● **監査役会の役割** ●

複数の監査役で職務を分担し、合理的な監査体制を作る

↓

情報交換、意見集約の場として監査役会を設置する

↓

監査役会の権限

① 監査報告の作成
② 常勤監査役の選定・解職
③ 会社や子会社の業務・財産状況の調査方法など、監査
　役の職務執行に関する事項の決定

いいます）、職務事項に関する決定事項は、各監査役による権限の行使を制約するものではありません。

　そして、監査役は、監査役会の求めに応じ、いつでも職務執行の状況を監査役会に報告しなければなりません。

▌監査役会の招集・決議

　監査役会の招集は、各監査役が行います。監査役会を招集する際には、原則として、監査役会を開催する1週間前までに、他の監査役に対して招集通知を発しなければなりません。

　監査役会の決議は、監査役の過半数で決定され、議事について議事録の作成が義務づけられています。出席監査役は、議事録に署名（記名押印）しなければならず、異議をとどめない出席監査役は、原則として、決議に賛成したものと扱われます。

　監査役会の招集手続や報告については、株主総会の場合と同様の手続で省略することもできます。

107

28 会計参与

会計参与とは

会計参与とは、取締役（指名委員会等設置会社の場合は執行役）と共同して計算書類などを作成し、その報告書を作成する機関です。おもに小規模な会社での計算書類の正確性を確保するために設置された機関です。取締役は必ずしも計算書類の作成について専門的知識があるわけではなく、これらの書類について専門的知識を持つ会計参与が、取締役をサポートするしくみがとられています。したがって、会計参与は業務の執行機関としての性格をもつ一方で、共同で計算書類を作成することにより、取締役の職務執行を監査する機能も期待できます。

会計参与の設置は任意です。なお、指名委員会等設置会社・監査等委員会設置会社以外の取締役会設置会社は、監査役の設置義務がありますが、大会社でない非公開会社であれば、監査役の代わりに会計参与の設置が可能です。会計参与を設置する会社を会計参与設置会社といいます。

会計参与の選任・解任は、取締役の場合と同様、株主総会の普通決議で行われます。会計参与となる資格があるのは、その性質上、公認会計士（監査法人も含む）と税理士（税理士法人も含む）に限られます。また、監査役の場合と同様、その会社や子会社の取締役、執行役などとの兼任はできません。

会計参与の任期は、取締役と同様、原則2年ですが、定款の定めで短縮できます。指名委員会等設置会社・監査等委員会設置会社以外の非公開会社では定款の定めで10年まで伸長できますが、指名委員会等設置会社では任期1年となります。

第3章 ■ 機　関

```
● 会計参与の役割 ●

おもに中小企業の計算書類の正確性を確保する
↓
会計参与の設置
↓
会計参与の権限・責任

① 会社や子会社に対し会計についての報告要求、会社や
　子会社の業務・財産状況の調査ができる
② 取締役会への出席・意見陳述義務がある
③ 株主への報告義務がある
④ 株主総会で意見陳述ができる
⑤ 会社や第三者に対して損害賠償責任を負う
```

会計参与の権限・責任

　会計参与の権限や責任は、監査役と同じ点が多くあります。会計参与は、会社や子会社に会計についての報告を求め、会社や子会社の業務・財産状況を調査することができます。取締役会設置会社の会計参与は、取締役会に出席しなければならず、必要があると認めるときは、意見を述べなければなりません。

　また、取締役の違法・不正な行為を株主（監査役設置会社では監査役、監査役会設置会社では監査役会、指名委員会等設置会社では監査委員会）に報告する義務を負い、株主総会に提出する計算書類などについて、取締役と意見が異なるときは、株主総会で意見を述べることができます。

　さらに、会計参与は取締役と同様に、会社や第三者に対する損害賠償責任を負います（会社に対する任務懈怠責任など）。

109

29 会計監査人

会計監査人とは

　おもに大規模な会社の計算書類などを監査する専門機関を会計監査人といいます。大会社・指名委員会等設置会社・監査等委員会設置会社では、会計監査人の設置が義務づけられています。会計監査人を設置する会社を会計監査人設置会社といいます。

　会計監査人の選任・解任は、取締役と同様、株主総会の普通決議で行われます。会計監査人となる資格をもつのは、公認会計士（公認会計士によって構成される監査法人も含みます）だけです。会社の外部者であって、企業会計に精通した者である必要があるからです。ただし、会社や子会社の取締役などから公認会計士（監査法人も含む）の業務以外の業務によって報酬を受けている者やその配偶者は、会計監査人になれません。また、公認会計士法の規定により、計算書類について監査することができない者も、会計監査人になることができません。

　会計監査人の任期は1年ですが、定時株主総会で別段の決議がない限り、その株主総会で再任されたとみなされます。

会計監査人の権限・責任

　会計監査人の権限や責任は、会計参与と似ています。ただ、会計参与は計算書類などの作成をする機関であるのに対し、会計監査人は作成された計算書類などを監査する機関です。役割が違いますから、両方を設置することもできます。会計監査人は会社の計算書類などを監査し、会計監査報告を作成します。

　なお、会社の職務執行を監査する機関として、他に監査役が

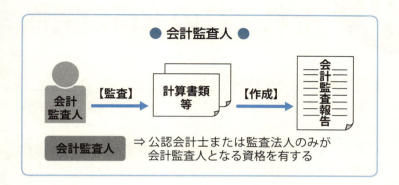

設けられていますが、計算書類などの監査については、先に会計監査人が監査を行い、事後的に監査役がチェックした上で監査報告を作成するという役割分担が行われています。

会計監査人は、会社や子会社に会計についての報告を求め、会社や子会社の業務・財産状況を調査することができます。

また、定時株主総会で出席を求める決議がなされた場合、会計監査人は出席して意見を述べなければなりません。株主総会に提出する計算書類などの法令・定款適合性について、監査役（監査役会設置会社では監査役会または監査役、指名委員会等設置会社では監査委員会または監査委員、監査等委員会設置会社では監査等委員会または監査等委員）と意見が違っているときには、株主総会で意見を述べることができます。

さらに、取締役の違法・不正な行為を監査役（監査役会設置会社では監査役会、指名委員会等設置会社では監査委員会、監査等委員会設置会社では監査等委員）に報告する義務を負います。会計監査人は、取締役と同様、会社や第三者に対する損害賠償責任も負います（会社に対する任務懈怠責任など）。

30 それぞれの役員の関係

特別取締役と社外取締役

　取締役会を設置する一般的な会社の場合、取締役会で業務執行の意思決定を行い、代表取締役が業務を執行します。

　ただ、取締役の数が6人以上の会社（指名委員会等設置会社を除きます）の場合は、その中から3人以上の特別取締役を選んで、迅速な意思決定を必要とする事項（重要な財産の処分・譲受け、多額の借財）についての決定権を与えることができます。これらの事項は、特別取締役のうち決議に参加できる者の過半数が出席し、出席者の過半数によって決議を行うことにより、特別取締役以外の取締役が参加していなくても、取締役会としての決議が成立します。

　特別取締役の制度を採用するためには、1人以上の社外取締役の存在が必要です。迅速な業務執行に対して監視をより強化すべきとの観点から、社外取締役が要求されています。ただし、社外取締役を特別取締役に選ぶ必要はありません。

執行役と代表執行役

　指名委員会等設置会社の場合、業務執行は執行役が行います。取締役会の役割は、会社の基本事項の決定と、執行役や三委員会の委員の監督が中心になります。

　また、指名委員会等設置会社を代表する機関として代表執行役が置かれます。代表執行役は執行役の中から取締役会が選定します。つまり、通常の会社の代表取締役と同じですから、指名委員会等設置会社に代表取締役は置かれません。

第3章　機　関

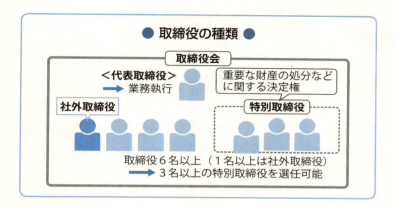

　指名委員会等設置会社には、指名委員会、監査委員会、報酬委員会の三委員会が設置されますが、三委員会の委員は取締役の中から選ばれ、過半数は社外取締役でなければなりません。外部の人材を入れて経営の適正化を図るためです。

さまざまな監査機関が経営をチェックする

　指名委員会等設置会社や監査等委員会設置会社以外の大会社には監査役会が置かれます。監査役会設置会社の場合は、3人以上の監査役が必要です。監査役会は監査役全員で構成されますが、そのうち半数以上は「社外監査役」でなければなりません。社外監査役とは、会社やその親会社の取締役・監査役などや使用人でなく、就任前10年間会社やその子会社の代表取締役や業務執行取締役でないなど、会社法上の諸条件を充たす監査役のことです。外部の人材を加えて、大会社の監査機能を強化するのが目的です。

　その他、経営の適正化を図るための機関として、会計参与や会計監査人を置く会社もあります。

113

31 報酬等の決定

報酬等はどのように決定するのか

　会社の役員等（取締役、執行役、会計参与、監査役、会計監査人）は、会社のために職務を執行するので、対価として報酬等（報酬・賞与など会社から職務執行の対価として受ける財産上の利益の総称です）をもらえることは当然です。ただ、報酬等を誰が決定するかは、会社経営の適正化の観点から重要な問題となります。ここでは、取締役・執行役とそれ以外の監査機関とに分けて、この問題を見ていきましょう。

① 取締役・執行役の報酬等

　取締役・執行役は会社との関係で、民法上の委任関係に立ちます。民法上の委任関係は原則として無償ですが、営利を目的とする会社の経営者である取締役・執行役は、無償とする取り決めがない限り、報酬等を受ける権利が認められています。

　報酬等の決定は、業務執行の一環なので、取締役（取締役会）によって決定できるといえそうです。しかし、取締役の報酬等を取締役自身で決定できることになれば、取締役が好き勝手に金額を決定して、会社財産を食いつぶす危険（お手盛りの危険）があります。そこで、取締役の報酬等は、定款の定めや株主総会の決議（普通決議）で決定することになっています（指名委員会等設置会社の場合は報酬委員会が決定）。

　また、指名委員会等設置会社は、業務執行について執行役が設置されますが、執行役は取締役を兼ねることができるため、取締役会で執行役の報酬等を決定できることになれば、同じような弊害が考えられます。そこで、執行役の報酬等の決定につ

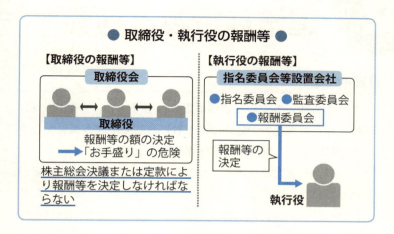

いては、取締役の場合と同様に報酬委員会が行います。
　株主総会決議では、以下の事項を決議する必要があります。
・具体的な額が決定している報酬等についての金額
・具体的な額が決定していない報酬等についての算定方法
・金銭以外の報酬等に関する具体的な内容

② 監査機関の報酬等

　監査役・会計参与・会計監査人は「監査機関」として、取締役などの経営者を監督する立場にあります。そのため、経営者によって報酬等の決定権を握られるとなれば、適正な監督が期待できなくなります。そこで、監査役と会計参与の報酬等については、定款でその額を定めていないときは、株主総会の決議で定めることになります。

　これに対して、会計監査人の報酬等は取締役が決定することができますが、その場合は、監査役（監査役会設置会社では監査役会、委員会設置会社では監査委員会、監査等委員会設置会社では監査等委員会）の同意を得なければなりません。

32 違法な行為と刑罰

▌罰則規定

　会社法では、多くの利害関係者が関与することが想定され、取締役などの役員等が会社や第三者に対して不測の損害を加えた場合に備えて、民事上の責任が強化されています。

　さらに、利害関係者が損害を被ることを避けるため、特定の違法行為について刑事上の罰則規定も設けられています。これは、会社経営の適正化を図るために、違法行為を行った役員等に対して科せられる特別な刑罰です。

① 信任を裏切る罪（特別背任罪）

　発起人、取締役、執行役、会計参与、監査役などが、自己や第三者の利益を図り、または株式会社に損害を加える目的で、任務違反をし、会社に財産上の損害を加えた場合には、10年以下の懲役か1000万円以下の罰金（その両方の場合もある）を科されます。

② 会社財産に関する罪

　取締役や監査役が、設立、募集株式の発行、新株予約権の発行に際しての出資に関して、虚偽（ウソ）の申述をしたり、事実を隠した場合には、5年以下の懲役か500万円以下の罰金（その両方の場合もある）を科されます。

　取締役や監査役が、ⓐ会社の計算で不正に株式を取得し、ⓑ法令・定款に違反して剰余金を配当し、ⓒ会社の目的の範囲外で投機取引のために会社の財産を処分した場合も同じです。

　さらに、取締役や監査役が「預合」をした場合や、銀行などが預合に応じた場合も同じです（預合罪）。

116

第3章 ■ 機　関

● おもな罰則規定 ●

罪 名	罰 則
特別背任罪	10 年以下の懲役または 1000 万円以下の罰金（両方の場合もある）
会社財産を危うくする罪	5 年以下の懲役または 500 万円以下の罰金（両方の場合もある）
預合罪	5 年以下の懲役または 500 万円以下の罰金（両方の場合もある）
贈収賄罪	5 年以下の懲役または 500 万円以下の罰金
利益供与の罪	3 年以下の懲役または 300 万円以下の罰金

※利益供与の罪は、威迫を用いて利益供与を受けると「5 年以下の懲役または 500 万円以下の罰金（両方の場合もある）」となる。

③　株式の発行などに関する罪

　取締役や監査役が、株式、新株予約権、社債、新株予約権付社債の募集について、虚偽の記載・記録をした場合は、5 年以下の懲役か 500 万円以下の罰金（その両方の場合もある）を科されます。取締役らが、発行可能株式総数を超えて株式を発行した場合は、5 年以下の懲役か 500 万円以下の罰金を科されます。

④　汚職の罪（贈収賄罪）や利益供与の罪

　取締役や監査役が、職務に関して不正の請託（依頼）を受け、財産上の利益を受け取るか、要求や約束をした場合には、5 年以下の懲役か 500 万円以下の罰金を科されます。株主や債権者の権利行使について、これらが行われた場合も同じです。

　また、株主の権利行使について、不正に財産上の利益供与が行われた場合には、原則として 3 年以下の懲役か 300 万円以下の罰金を科されます。

Column

執行役員と執行役は別もの

取締役会設置会社において、取締役の権限を経営上の意思決定に特化させ、具体的な業務執行を、取締役会で選任した執行役員に委任する会社が少なくありません。執行役員は、取締役から選任されるわけではない点に注意が必要です。

執行役員に関しては、会社法による規定が存在しません。したがって、現在のところ、執行役員については実務上の制度として運用されており、執行役員の権限の範囲は、会社の内部的な取り決めにすぎません。したがって、与えられている権限を逸脱した執行役員の行為について、その執行役員の権限の範囲を知らない（善意）第三者に対して、会社は、権限外の行為であることを主張できないと考えられています。

執行役員が置かれる利点としては、取締役会の縮小化を挙げることができます。というのも、執行役員として選任される者は、本来であれば、取締役の役職が与えられるのが適当である者について、日常的な業務執行を行わせる目的で、執行役員として選任しています。したがって、執行役員の制度を採用することによって、取締役会の規模を縮小でき、必要な意思決定をスピーディに行うことができるというメリットがあります。

執行役員はあくまでも実務上の制度ですが、類似の概念に注意しなければなりません。それが「執行役」です。執行役は、会社法に規定されている法律上の制度である点で、根本的に執行役員の制度とは異なります。また、執行役は、通常の取締役会設置会社に置かれる機関ではなく、指名委員会等設置会社において選任される業務執行機関です。名称こそ似ていますが、両者はまったく別の制度なのです。

第4章

株　式

1 株式と株券の関係

株式とはどのようなものか

　株式とは、株式会社における出資者（社員）としての地位のことを意味します。たとえば、資本金1,000万円の株式会社を設立するとします。このとき、その会社の資本金1,000万円を1000等分します。そうすると、この会社に対する持分は1万円ごとに分けることができます。出資者は、取得する持分に応じて会社に対して出資をすることになります。1万円を単位とする持分を1つ購入した者は、1万円を会社に出資することで、その会社の1000分の1の所有者となります。

　このように株式会社に対する持分を購入した者を株主といいます。つまり、株式会社の所有者としての地位という大きなパイを複数で分け合っているのが株主である、ということができます（1人で全部の持分をもつこともできます）。

株券は証券化されたもの

　株主は、会社の実質的な所有者として、さまざまな権利をもちます。しかし、そのような権利・地位は目に見えるものではないことから、これを目に見える形にする手段が考え出されました。それが株券です。株式という権利・地位を株券に染み込ませる（これを権利の表章といいます）ということです。

　しかし、株券として証券化することは、紛失・盗難の危険を伴うことにもなります。会社法は、株券を発行しないことを原則とし、株券を発行する場合は、定款にその旨を定めることにしています。これを株券不発行の原則といいます。

第4章 株　式

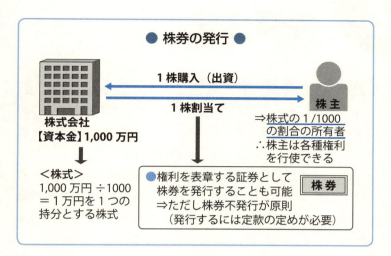

　株主は、原則として株式を他者に譲渡可能ですが、株券不発行会社では譲り渡す「物」がありません。そこで、株式を譲渡した事実を会社や第三者に主張するためには、会社に株式の名義書換をしてもらわなければならないのが原則です。ただ、株式を広く証券取引所に公開している上場会社は、すべて口座上のやり取りで株式の譲渡などを行う株式等振替制度を利用することになっています。これにより物理的な実体をもたない株式の取引を、明確かつ安全に行うことが可能です。

　また、株券発行会社において、株券を盗んだ者（譲渡人）がその株券を誰かに譲渡すると、譲り受けた者が善意（譲渡人が無権利者であることを知らない）であれば、株式を有効に取得することができ、盗まれた人（本来の所有者）は株主の地位を失います（株式の善意取得）。このような事態を防ぐため、会社法は、株券を紛失したり、盗難にあったりした場合、その株券を無効にする株券喪失登録制度を用意しています。

2 種類株式

株式ごとに内容が違う

各株式は、その内容・数に応じて、平等に取り扱われるのが原則です。これを株主平等の原則といいます。株主平等の原則は、同じ内容・数の場合に平等の取扱いを要求しますが、異なる内容・数の場合にまで平等の取扱いを要求するものではありません。したがって、会社法が認める内容の異なる複数の種類の株式（これを種類株式といいます）の発行は、株主平等の原則の例外にはあたらないと解されています。

種類株式と区別すべきなのが内容の異なる株式と呼ばれるものです。これは会社が定款を変更することで、ⓐ株式に譲渡制限をかける、ⓑ株主が会社に対して株式取得を請求できる（取得請求権付株式）、ⓒ一定の事由が発生した時に会社が株主から株式を取得できる（取得条項付株式）、という特別の定めを置くものです。種類株式と異なるのは「すべての株式の内容」として、特別の定めを適用する点です。

会社法が発行を認める種類株式は、以下の9種類に及びます。複数の種類を組み合わせた株式発行も可能です。

① 剰余金の配当に関する種類株式

剰余金を配当（分配）する際に、その種類株式を持つ株主に対して、異なる配当比率を用いる場合です。普通の株式よりも有利な配当比率が用いられる場合を優先株といい、普通の株主より低い配当比率が用いられる場合を劣後株といいます。

ただし、剰余金をまったく配当しない種類株式は、株主の権利を不当に奪うため、その効力が認められません。

第4章 ■ 株　式

● 種類株式のメリット ●

株式のバリエーションを増やす

- ■剰余金の配当について異なる定めのある株式
- ■株主総会の議決権について異なる定めのある株式
- ■譲渡について会社の承認を必要とする株式　　など

↓

会社・出資者の多様なニーズに応えることができる

---

② 残余財産の分配に関する種類株式

　剰余金の配当の場合と同様、会社の清算に伴い、残余財産を分配する際に、その株式を持つ株主について、異なる配分比率を用いる場合です。なお、残余財産の分配をまったく認めない種類株式は、剰余金の配当と同様、その効力が認められません。

③ 議決権の制限に関する種類株式（議決権制限種類株式）

　その種類株式を持つ株主について、議決権の全部または一部を制限する場合です。議決権制限種類株式が大量発行されると、少数者の意思により、会社経営が支配されるおそれがあるため、公開会社では、議決権制限種類株式は発行済株式総数の2分の1を超えてはならないと規定しています。

④ 株式譲渡制限に関する種類株式（譲渡制限種類株式）

　その種類株式を持つ株主は、株式を譲渡する場合に、会社の承認が必要になります。

⑤ 取得請求権付種類株式

　その種類株式を持つ特定の株主が、会社に対して、自己の株式を取得するよう請求できる場合です。

⑥ **取得条項付種類株式**

会社に一定の事由が生じると、会社が特定の株主からその株式を取得することができる場合です。

⑦ **全部取得条項付種類株式**

株主総会の特別決議によって、会社が「その種類株式を持つすべての株主」から株式を取得することができる場合です。

⑧ **拒否権付種類株式**

特定の株主総会決議事項（取締役会設置会社では株主総会決議事項か取締役会決議事項）について、株主総会などの決議の他に、その株式を持つ者を構成員とする種類株主総会決議がないと、その事項に関する決議の効果が否定される場合です。

⑨ **取締役または監査役の選任に関する種類株式**

取締役や監査役の選任・解任について、その株式を持つ者による種類株主総会決議により行うことができる場合です。

種類株式発行の目的

たとえば、会社が「お金はほしいが、経営に口出しは無用である」と考えており、出資者も「経営には興味ないが、配当は沢山ほしい」と考えているとします。このとき「株主総会の議決権はないが、剰余金の配当は優先する株式」を発行すれば、会社は、会社の経営に対して関与を望まない者からの出資を受ける機会を期待することができます。つまり、会社と出資者の利害が一致します。種類株式の発行で、会社や出資者の多様なニーズに応えることが可能になるのです。

種類株式についての定款の定め

会社が種類株式を発行するには、定款で、種類株式に関する

事項と発行可能種類株式総数を定めなければなりません。定款
で定める事項は、発行する種類株式に応じて異なります。

　たとえば、剰余金の配当に関する種類株式を発行する場合に
は、配当条件などの配当に関する事項を定めなければなりませ
ん。また、議決権制限種類株式を発行する場合には、議決権を
行使できる事項などを定めなければなりません。さらに、譲渡
制限種類株式を発行する場合には、株式の譲渡につき会社の承
認を必要とする旨などを定めなければなりません。

種類株主総会はどんな場合に開催されるのか

　株式会社では、少なくとも1年に1回、会社の重要事項を決
する「株主総会」を開催しなければなりません。この他、会社
が種類株式を発行している場合は「種類株主総会」を開催しな
ければならない場合があります。種類株主総会の参加者は、そ
の種類株式を所有している株主だけです。

　種類株主総会の開催が必要になるのは、会社の行為によって、
ある種類株式の株主にだけ損害が生じる可能性がある場合です。
たとえば、種類株式を発行している会社が、株式の種類を追加
したり、発行可能株式総数・発行可能種類株式総数を増加した
りする定款の変更を行う場合、その定款変更によってある種類
株式の株主に損害を与えるおそれがあるときには、株主総会の
決議の他に、その種類株式の株主を構成員とする種類株主総会
の決議を経なければなりません。

　また、定款の定めによって、株主総会の決議の他に、種類株
主総会の決議を必要とする定めが置かれることもあります。こ
の場合には、種類株主総会の決議による承認を得られなければ、
会社は、その行為を行うことができません。

3 1株に満たない端数と単元株制度

1株に満たない端数とは

1株に満たない端数とは、たとえば、0.1株とか0.4株といったものです。このような半端な状態は、2株を1株にまとめた場合（株式の併合）や、2株を3株に分けた場合（株式分割）などに生じることがあります。

そして、1株に満たない端数は株式ではないため、その端数には株主権も認められません。しかし、端数も経済的な価値はありますから、それを持ち主に還元する必要があります。そこで会社法は、端数を集めて売却し、その代金を端数に応じて持ち主に分配することとしています（金銭処理）。

単元株制度とは

単元株とは、ある数の株式をまとめて1つの単位（1単元）とし、1単元ごとに1個の議決権を与えるとする株式のことをいいます。1単元に満たない株式を単元未満株式といい、その株主を単元未満株主といいます。

単元未満株式はあくまで株式ですが、一定の単位に満たないという点で端数と共通しています。なお、1単元の株式数は定款で定める必要がありますが、1単元を1,000株を超える株式数とすることや、発行済株式総数の200分の1を超える株式数とすることはできません。

単元未満株主は、株主としての権利を制限されており、株主総会で議決権を行使することはできません。その理由は単元株制度の目的が会社の株主管理コストの削減にあるからです。わ

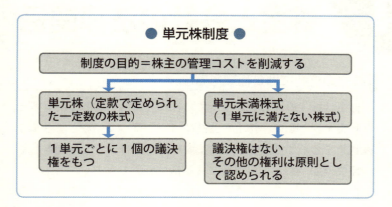

ずかな株式しかもたない株主にまで、株主総会の招集通知や関係書類などを送らなければならないとすれば、会社の株主管理コストが高くつくことになります。

単元株制度を導入しようとする株式会社は、株主総会の特別決議による承認を受ける必要があります。このように厳格な手続が要求されているのは、単元未満株主は、議決権の行使など権利の制限を受けるためです。一方、単元株制度を廃止する場合には、既存の株主の権利などに影響を与えることはありませんので、取締役の決定（取締役会設置会社では取締役会決議）のみで行うことができます。

また、単元未満株式については、一定の経済的利益に関する権利（株式買取請求権や残余財産分配請求権など）以外の権利を定款の定めによって制限することができます。

なお、単元未満株主は、自己のもつ単元未満株式を買い取るよう会社に請求することができます。単元未満株主が会社に対して株式を売り渡すように請求し、単元未満株式を単元株式にすることを定款の定めによって認めることもできます。

4 株主と会社の法律関係

株主の権利には2種類ある

　株主は株式の保有という形で、株式会社の実質的な所有者となります。そして、株主が会社に対して持っているさまざまな権利をまとめて**株主権**といいます。株主権は、その権利としての性質の違いから、自益権と共益権に大別できます。

　自益権とは、株主が会社から経済的な利益を受ける権利です。別の言い方をすれば、株主が会社から一定額の金銭を受け取れる権利などのことです。代表的なものは、株主が会社から儲け（利益）を分配してもらう剰余金配当請求権です。

　共益権とは、株主が会社の管理・運営に参加する権利です。株主総会の議決権や各種の監督是正権があてはまります。

　株主が会社に対して権利をもつということは、その反面、会社に対して何らかの義務を負っていると考えることも不自然なことではありません。しかし、株式会社の株主は、その地位を取得するときに会社に対して出資した金額を超える責任を負わないという、間接有限責任が認められています。したがって、仮に会社の倒産などの事態に出くわしたとしても、会社債権者に対して個別の支払義務を負うことはありません。

単独株主権と少数株主権

　株主の権利は、単独株主権と少数株主権に分けて考えることもできます。**単独株主権**とは、株式を1株しかもっていなくても行使できる権利です。一方、**少数株主権**とは、総株主の議決権や発行済株式総数を基準にして、その一定割合か一定数以上

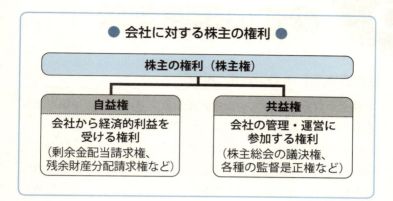

の株式をもっている場合にだけ認められる権利です。

　自益権は、単独株主権の典型例です。共益権についても、議決権の行使や株主代表訴訟の提起は、単独で行うことができる権利ですので、単独株主権にあたります。しかし、株主総会の招集を求める権利などは少数株主権であり、行使に必要な議決権について、一定の要件が規定されています。

株主平等の原則とは

　会社と株主の関係で重要なのは「株主平等の原則」です。株主平等の原則とは、株式の内容・数に応じて、会社が株主を平等に取り扱わなければならないとする原則です。そして、株主平等の原則に反する定款の定めや株主総会決議などは無効であると解されています。

　非公開会社（すべての株式の譲渡について会社の承認を要する会社）においては、例外的に、定款の定めにより、剰余金の配当、残余財産の分配、株主総会の議決権について、株主ごとに異なる取扱いが可能です。

5 株式の譲渡制限

株式譲渡自由の原則について

　株主が自分のもっている株式を譲渡することは、原則として自由です。これを株式譲渡自由の原則といいます。

　この原則が認められるのは、株式会社の株主には、持分会社の社員に認められるような退社による出資の払戻しが許されていないため、株主が出資した資金を回収する手段（投下資本の回収手段）を確保する必要性があるからです。

株式は譲渡制限ができる

　株式譲渡自由の原則の例外として、投下資本の回収手段を完全に封じること、つまり譲渡を禁止することはできませんが、譲渡を制限することは認められています。

　株式会社といっても、その規模はさまざまです。株主数が少なく、誰が株主であるかが他の株主の利害に関係してくる会社（たとえば親族や身内だけが株主である会社）では、まったく見ず知らずの者が株主となって、経営に口をはさんでくることになれば、会社経営がスムーズに進まなくなります。

　そこで会社法は、定款に「株式を譲渡する場合には会社の承認を必要とする」と定めることで、既存株主とまったく関係のない者が株主の一員となるのを防止できるようにしています。

株式譲渡の承認手続

　株式の譲渡が制限されるとしても、譲渡そのものが禁止されるわけではありません。株式を譲渡する場合に会社の承認が必

第4章 ■ 株　式

● 株式の譲渡制限 ●

株式譲渡自由の原則
出資者が出資金を回収する手段

↓

誰が株主であるかを重視する会社では、見ず知らずの者が株主になるのは不都合

↓

株式の譲渡制限
株式の譲渡をする場合に会社の承認を必要とする

要となるだけです。具体的には、原則として株主総会決議（取締役会設置会社では取締役会決議）による承認が必要になります。代表取締役を承認機関とすることも可能です。

　譲渡の承認を請求した日から2週間以内に、会社が承認するか否かを明らかにしなかったときは、会社が譲渡を承認したものとみなします。株式は譲渡自由が原則だからです。

　一方、会社の承認を得ずに株式を譲渡した場合には、当事者間では株式の譲渡が有効ですが、会社に対してはその効力を生じませんので、譲受人は会社に対して株主の地位を主張できないとするのが判例です。

　株券不発行会社の場合、株式の譲渡があったときは、株式の譲渡人と譲受人が共同して、会社に対して、その株式の数や譲受人の氏名を伝えます。そして、会社が株主名簿の名義を譲渡人から譲受人に書き換えることで、譲受人が株主としての地位を会社や第三者に主張できるようになります。

　会社が譲渡を承認しない場合には、会社に対して、株式を買い取るか、株式の買取人を指定するように請求できます。

131

6 株主の監督是正権

監督是正権とは

株主は会社の実質的所有者ですが、株主自らが会社の経営をするとは限りません。

株主数の少ない小規模な会社は、株主＝経営者であることが多いのですが、株主数の多い大規模な会社の場合は、株主と経営者が必ずしも一致しません。このように株主と経営者が別であることを、株式会社における所有と経営の分離といいます。株主の監督是正権は、所有と経営の分離が生じている大規模な会社において、特に意味をもちます。

監督是正権とは、株主に経営の監督をさせ、経営者の不正を追及することを認める権利です。経営者は株主の監視が行き届かないのを見越して、不正を働くことがあります。また、株主総会の決議は多数決で行われるため、多数者の意思によって、経営者の不正が見逃されることもあります。そこで、株主による監督是正権の行使が重要になってくるのです。

単独株主権と少数株主権がある

株主の監督是正権は、単独株主権と少数株主権に分けられます。監督是正権のすべてを単独株主権としていないのは、個々の株主に監督是正権を認めると、かえって会社の運営に混乱をきたし、株主全体の利益にならない場合があるからです。

① 単独株主権の場合

単独株主権とは、1株でも株式をもっていれば行使できる権利です。代表的なものとして、取締役の違法行為の差止請求権

第4章 ■ 株　式

● 監督是正権 ●

所有と経営の分離（おもに大規模な会社）

↓

経営者の不正、権限濫用の危険

↓

株主の監督是正権
- **単独株主権**…違法行為差止請求権、株主代表訴訟提起権など
- **少数株主権**…株主総会招集請求権、役員解任請求権など

や株主代表訴訟（⇨ P.184 参照）を提起する権利などをあげることができます。

　株主代表訴訟の提起については、いきなり訴えを起こすことができるのではなく、その前に会社に対して、取締役などの責任を追及する訴えを提起するよう請求する必要がある点に注意が必要です。その際、公開会社では「6か月前から引き続き株式をもつ」株主でなければ、会社に対する請求やその後の株主代表訴訟の提起ができませんが、非公開会社では「6か月前」の制限はありません。

② 少数株主権の場合

　少数株主権とは、総株主の議決権や発行済株式総数を基準にして、株主がその一定割合か一定数以上の株式をもつ場合に行使できる権利です。たとえば、総株主の議決権の 100 分の 3 以上の議決権をもっていることが要求されている場合です。代表的なものとして、株主による株主総会の招集請求権や、取締役・監査役の解任請求権を挙げることができます。

7 株主名簿

株主名簿とは

株主名簿とは、会社が発行した株式について、株主や株券に関係する事項、たとえば株主の住所・氏名、所有する株式の種類と数、株券の番号などを記載した帳簿（またはパソコン上のデータなどの電磁的記録）のことです。

株式の譲渡は当事者だけで行われるため、会社にとって誰が株主なのかを把握することは困難です。そこで、株主名簿制度を定め、株式を取得して株主になった者から、会社に対して自分が新たに株主になったことを主張させ、株主名簿に記載・記録することとしたのです。

株主名簿は、原則として会社の本店に備え置く必要があります。株主や会社債権者は、会社の営業時間内であれば、原則としていつでも株主名簿の閲覧や謄写を請求できます。

会社は、株主名簿に記載された株主に対して、株主総会の招集通知などを送付します。また、株主に対して剰余金を配当する場合にも、名簿上の株主（株主名簿に株主として記載されている株主）に配当すればよいのです。

基準日制度とは

株主の管理は、株主名簿と基準日制度によって行われるのが通常です。「基準日」とは、会社が決めた一定の日のことで、この一定の日に株主名簿に記載されている株主を会社が株主として扱う制度が基準日制度です。

なぜ株主名簿の他に基準日制度が必要なのでしょうか。会社

第4章　株　式

● 株主名簿の役割 ●

絶えず変動する株主を把握する必要がある

株主名簿の制度

株式が譲渡された場合、株主名簿の名義書換
をしなければならない

株主総会の招集通知や剰余金の配当は、
株主名簿に記載された株主に対してだけ行えばよい

いつの時点で株主名簿に記載されている者を
株主として扱うかを決める必要がある

基準日制度

会社が決めた一定の日に株主名簿に記載
されている者を株主として扱う

は、株主名簿に記載された者を株主として扱えばよいのですが、株主名簿だけでは、いつの時点で名簿に記載されている者を株主とするかが問題となる場合があります。その場合に備えて基準日を定め、その日に株主名簿に記載されている者だけを株主として取り扱えば済むようにしたのです。

　たとえば、会社は「その年の3月31日の時点で株主名簿に記載された者」を株主として扱い、その者に対して株主総会の招集通知や剰余金の配当を行えばよいことになります。

　特に株式が基準日前に譲渡された場合、すでに株式は譲受人に譲渡されているにもかかわらず、名義書換が行われていなければ、会社は譲渡人を株主として扱い、株主総会の通知などを行うことで、会社としての責任を果たしたことになります。

135

8 自己株式の取得

自己株式の取得

会社が発行した自社の株式を取得することを自己株式の取得といいます。

株式は会社の資金調達を目的として発行され、発行された株式は株主の会社に対する持分割合を示します。ところが、会社が株式を発行し、資金を調達したとしても、その株式を会社が買い取ることになれば、せっかく会社に入ってきた資金が外に出ていってしまうことになります。

また、自己株式を取得する方法や、その際に支払われる金額によっては、特定の株主のみを理由なく優遇することにつながり、株主平等の原則に反するおそれが生じます。

さらに、自己株式については議決権が認められませんが、そのことによっても自己株式を取得することの弊害があらわれることがあります。なぜなら、会社が議決権の数を減らすために自己株式を取得して、会社の決定方針に株主が反対することが困難な体制を作ろうとするおそれがあるためです。

しかし、自己株式の取得によるデメリットは、取得に際する財源規制や株主総会の承認によって防ぐことができます。また、資金の潤沢な会社に適当な投資先がない場合、自己株式を取得することを認めるべきという実務上の要請もありました。

一方、自己株式の取得にはメリットも存在します。たとえば、その株式会社の株式があまりにも流通しすぎている場合、自己株式を取得することで流通量を調整し、株価を安定させる効果が期待できます。また、直接的な効果として、自己株式の取得

● 自己株式の取得手続 ●

【すべての株主に④の機会を与える場合】

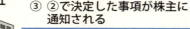

③ ②で決定した事項が株主に通知される

④ 株式を譲渡する旨の申込み

→ 申込期日に株式会社が承諾したものとみなされる（自己株式取得）

① 取得する株式の種類や数、取得対価の総額、取得期間（最長1年）などに関する株主総会決議（普通決議）
② 株主総会決議に基づき、取締役会（取締役会非設置会社は取締役）が1株あたりの取得対価、申込期日等を決定

は、株主から会社が株式を買い戻すことで、会社の財産を株主に還元することもできます。

以上を考慮して、会社法は、次の場合に限り、自己株式の取得を認めることにしています。

① 取得条項付株式について一定の事由が発生した場合。
② 譲渡制限株式について会社が譲渡承認を行わない場合。
③ 株主総会決議に基づいて自己株式を取得する場合。
④ 取得請求権付株式について取得請求が行われた場合。
⑤ 全部取得条項付株式を取得する場合。
⑥ 相続人等に対する売渡請求を行った場合。
⑦ 単元未満株式を保有する株主から買取請求が行われた場合。
⑧ 所在不明の株主がもつ株式を取得する場合。
⑨ 会社が端数株式を買い取る場合。

⑩　他の会社の事業の全部を譲り受けるに際して自己株式を取得する場合。

⑪　合併により消滅会社から自己株式を承継する場合。

⑫　吸収分割により吸収する会社から自己株式を承継する場合。

⑬　その他法務省令で定める場合。

自己株式取得の手続について

　自己株式の取得は上記の場合に可能ですが、会社法は、自己株式を取得する方法の違いに応じて、会社がとらなければならない手続も規定しています。

　たとえば、会社が特定の株主から自己株式を取得する場合には、取得する株式の種類や数、取得対価の総額、取得期間（最長1年）などについて、株主総会の特別決議による承認が必要です。この決議の際、特定の株主は議決権を行使できません。

　これに対して、すべての株主に申込みの機会を与えて自己株式を取得する場合には、株主総会の普通決議によって、取得する株式の種類や数、取得対価の総額、取得期間（最長1年）などについて定める必要があります。その上で、取締役（取締役会設置会社では取締役会）が株主総会決議に基づいて、自己株式を取得するたびに、取得する株式数、1株あたりの取得対価、申込期日などを決定しなければならず、決定された事項は株主に通知されます。その後、株式を会社に譲渡しようとする株主が、その旨を会社に申し込むと、通知で示された申込期日に、会社が取得を承諾したものとみなされます。これにより自己株式の取得手続は完成します。

　なお、会社が証券取引所などを通じて市場取引により自己株式を取得する場合は、株主総会の普通決議によるか、定款の定

めがあれば取締役会決議で足ります。市場から取得する場合には、適正価格による取得が期待できるからです。

自己株式の取得方法について

会社が自己株式を取得する方法には、①市場取引、②公開買付け（TOB）、③相対取引の3つの場合があります。

① 市場取引

証券会社を通じて証券取引所の取引によって取得するか、証券会社の店頭で取引をして取得する方法です。上場または店頭公開というランクづけが行われている株式が対象となります。

② 公開買付け（TOB）

世間一般の人々に公告して、証券取引所外で自社の株式を買い付ける方法です。TOBとは「Take Over Bit」の頭文字をとったものです。

③ 相対取引

特定の相手から直接に取得する方法です。株式の譲渡を制限している会社が自己株式を取得する唯一の方法です。

自己株式の権利行使は禁止されている

会社は、自己株式に関する権利を行使することができません。たとえば、会社は自己株式について、①株主総会の議決権を行使できない、②剰余金の配当を受けることができない、③残余財産の分配を請求することができない、④新株予約権を行使することができないという制約を受けます。ただし、自己株式を保有できる期間について制限はありませんので、会社は自己株式を保有し続けることが可能です。

9 株式の消却・併合・分割

株式の消却とは

株式の消却とは、会社の存続中に特定の株式を消滅させることです。会社の事業規模を縮小する目的で行う場合、市場に流通している株式の量を調整する目的で行う場合、株式の数を減らすことで株主への配当を抑え、会社の経営状態を改善するために行う場合などがあります。

会社は消却する株式を自己株式として取得した上で、株式を消却することになります。この場合、会社は消却する自己株式の種類や数を定めなければなりません。取締役会設置会社の場合には、取締役会の決議で決定することが必要です。

株式の併合とは

株式の併合とは、数個の株式を併せて、従来よりも少数の株式とすることです。

株式の併合がなされるのは、株価の低迷している会社が株価を引き上げたい場合や、合併に際して合併会社同士の株式比率をそろえておきたい場合などです。つまり、株式の併合が行われると、それ以後、株主は併合された後の単位を1株（または1単元）として出資を行わなければ、株式を取得することができなくなります。したがって、株式の併合には、株式の出資における単位を引き上げる効果があります。

株式の併合をするには、株主総会の特別決議が必要です。併合の割合によって、一部の株主の株式が併合の対象とならず、その株主に損失が生じる可能性があるからです。たとえば、5

第4章 株　式

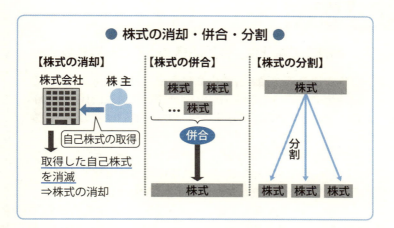

株を併せて1株に併合すると、4株以下の株式は併合の対象とならず、株主権が失われます。併合後に生じた1株に満たない端数は、前述した金銭処理がなされます。

株式の分割とは

　株式の分割とは、既存の株式を分けて、それより多数の株式とすることです。たとえば、1株を5株に分けることを意味します。つまり、既存株主は、株式の持分に応じて、分割によって増加した比率の分（1株を5株に分けた場合は4株分）に関して、無償で株式が割り当てられたのと同じ状態になります。これは株式の併合と反対のことを行っています。

　株式の分割は、会社の株価が高騰し、市場で取引しにくい状況である場合に、株式を分割して株式自体の流通量を増やすことで、市場価格を適正なものとする場合などに行われます。株式の分割をするには、株主総会の普通決議（取締役会設置会社の場合には取締役会の決議）が必要です。

141

Column

総株主の議決権、発行済株式ってどんなもの？

株主総会の決議要件や少数株主権の要件では「総株主の議決権の100分の1（1%）以上」「発行済株式の100分の1以上」などという言葉が出てきます。これらはどのように違うのでしょうか。

たとえば、A社が1,000株を発行し、株主としてA社が500株、Bが400株、Cが91株、Dが9株を保有する場合に、Dが上記の要件を充たすかどうかを検討しましょう。

まず、「総株主の議決権」というときは、株主総会の議決権をもっている株主の株式を合計します。上記の例では、A社がもっているのは自己株式であり、自己株式には議決権がありませんので、A社の500株分は計算に含めません。そうすると、A社の「総株主の議決権」は500株です。

このとき、DはA社の「総株主の議決権」の1.8%の議決権を保有するので、「総株主の議決権の100分の1以上」の要件を充たします。

これに対して、「発行済株式」というときは、単純に発行済みの株式数を合計します。上記の例では、1,000株を発行済みですので、A社の「発行済株式」は1,000株です。

このとき、DはA社の「発行済株式」の0.9%の株式を保有するだけですので、「発行済株式の100分の1以上」の要件を充たしません。

なお、発行済株式と似た言葉として「発行可能株式総数」があります。これは会社が発行できる株式の上限で、定款の絶対的記載事項です。たとえば、A社の発行可能株式総数が3,000株の場合、あと2,000株を発行できます。2,000株を超えて発行したいときは定款変更が必要です。

第5章

会社の
会計・資金調達

1 会社の会計と計算書類

会計制度の目的

会社の会計について規制をする目的は、①会社の財務状況を明らかにすることと、②分配可能額を算定することにあります。会社の財務状況を明らかにすることは、株主や債権者に対する情報開示としての意味をもち、分配可能額の算定は、剰余金の配当において意味をもちます。

株式会社の会計は、法令の趣旨に反しない限り、一般に公正妥当と認められる企業会計の慣行に従って処理されます。

会計帳簿や計算書類などの作成

株式会社では、会計帳簿、計算書類（貸借対照表や損益計算書など）、事業報告、これらの附属明細書の作成が義務づけられています。

会計帳簿とは、会社の事業用財産に変動を生じる取引などを整理して記載・記録した帳簿のことです。会計帳簿には適切な時期に必要事項を記載することが必要です。そして、会社の財務状態を示す重要な計算書類は、会計帳簿をもとに作成されるため、記載内容の正確性が求められます。また、会計帳簿は、閉鎖された時から10年間保存しなければなりません。

計算書類のうち貸借対照表とは、会社の一定時点における財務状況を資産・負債・純資産（資本など）に分けて表にしたものです。損益計算書とは、一定の期間（一事業年度）のすべての収益と費用を記載し、その利益と損失（損益）を表示する計算書のことです。

144

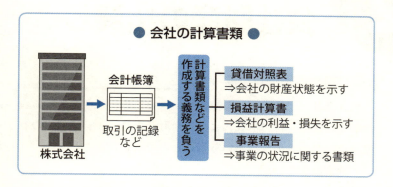

　事業報告とは、事業年度中における会社の事業状況を説明する報告書のことです。

　これらの書類の承認を受ける手続は、まず、会社に設置されている監査機関（監査役、会計監査人、監査委員会、監査等委員会）の監査を受ける必要があります。

　次に、取締役会設置会社では、取締役会の承認を受けた後、株主総会の招集を通知する際に、これらの書類を株主に提供しなければなりません。そして、これらの書類について、定時株主総会で承認を受ける必要があります。

　ただし、会計監査人設置会社では、取締役会の承認を受けたこれらの書類が、会計監査人によって、法令・定款に従って会社の財産・損益状況を正しく表示していることがあらかじめ確認されている場合（具体的には、会計監査人が無限定適正意見を会計監査報告の内容に付けている場合を指します）には、定時株主総会の承認を受ける必要がありません。この場合、取締役は定時株主総会でこれらの書類の内容を報告します。

　計算書類や事業報告は、本店（本社）や支店（支社）に備え置かれ、株主や会社債権者の閲覧に供されます。

2 会社財産の払戻し

会社財産の払戻しとは

　株式会社は退社の制度を認めていないため、株主に対する会社財産の払戻しは、清算による残余財産の分配、自己株式の有償取得、剰余金の配当という形をとって行われます。

① 残余財産の分配

　株主は、会社の清算に際して会社財産に余りが出た場合、会社に対して、その余りの財産を分配するよう請求できます。これを残余財産分配請求権といいます。残余財産の分配は、株主が保有する株式の数に応じて行います。なお、会社が清算の手続に入った場合は、後述する自己株式の有償取得や剰余金の配当による会社財産の払戻しを行うことができません。

② 自己株式の有償取得

　自己株式の取得は、前述した会社法が規定する場合に制限される他、剰余金の配当と同様、分配可能額を超えて自己株式を有償で取得することはできません（財源規制）。ただし、例外的に財源規制が及ばない場合もあります。たとえば、株主から単元未満株式の買取請求を受けた場合は、単元未満株式を保有する株主が払戻しを受ける機会を確保することが優先され、分配可能額を超えても買取請求に応じることができます。

③ 剰余金の配当

　剰余金の配当とは、株主に対して、会社に生じた利益を分配することです。株主が会社財産の払戻しを受ける手段として、剰余金の配当は重要な役割を担います。

　しかし、会社の利益のすべてを剰余金の配当に充ててしまう

第5章 会社の会計・資金調達

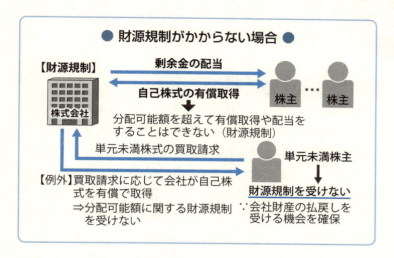

と、会社財産の過度な流出につながり、会社債権者の利益を侵害するおそれがあります。そこで、剰余金の配当は「分配可能額を超えて行うことはできない」と規定されています。

剰余金のうち、株主に配当できる分配可能額の算定方法は複雑ですが、簡単に言うと、剰余金から自己株式の価額などの一定額を差し引いて算出します。また、純資産額が300万円未満になる場合には、剰余金の配当はできません。

剰余金の配当は、いつでも株主総会の普通決議によって決定することができます。取締役会設置会社では、定款の定めによって、一事業年度の途中に1回だけ、取締役会決議で金銭による剰余金の配当（中間配当）をすることができます。

剰余金の配当は、金銭以外のものを配当財産とすること（現物配当）ができます。会社は、株主総会の普通決議によって、株主に対して、現物の代わりに金銭を交付するように請求できる権利（金銭分配請求権）を与えることもできます。

3 剰余金の配当等に関する責任

剰余金の配当等の制限とその責任

　剰余金の配当等（自己株式の有償取得や剰余金の配当）には、分配可能額を超えてはならない旨の財源規制が及びます（自己株式の有償取得には財源規制が及ばない場合もあります）。

　会社がこの規制に違反して剰余金の配当等をした場合（違法配当といいます）、違法配当によって金銭などの交付を受けた株主や、違法配当に関与した業務執行者（取締役や執行役）と議案提案取締役（剰余金の配当等の議案を提案した取締役）は、会社に対して、株主が「交付を受けた金銭等の帳簿価額に相当する金銭」（配当金額）を支払う義務を負います。

　まず、違法配当を受けた株主は、本来は受け取るはずのない利益を得ているので、当然に受領した配当金額を返還する義務を負います。株主が違法配当であることを知らなかった（善意）としても、返還義務を免れることはできません。

　しかし、会社が実際に責任追及を行うのは、業務執行者や議案提案取締役に対してです。業務執行者や議案提案取締役に対して、配当金額の支払請求を行いますが、分配可能額を限度として、総株主の同意により支払義務の免除ができます（一部免除）。また、業務執行者や議案提案取締役は、その職務を行うことについて過失（不注意）がなければ、この支払義務を負いません。さらに、違法配当については、取締役や執行役が刑事罰の対象となる場合もあります。

　なお、定款変更などの際に反対株主から株式を買い取る場合において、分配可能額を超えて自己株式を取得したときは、業

第5章 ■ 会社の会計・資金調達

● 剰余金の配当等に関する責任 ●

※②はどちらを選択することも可能

② 配当等を受けた金額の返還請求

株主

① 分配可能額を超える配当等（違法配当）

② 配当等した金額の支払請求

株式会社

・業務執行者
・議案提案取締役

・総株主の同意により、分配可能額まで責任の一部を免除可能
・職務を行うことについて不注意（過失）がなければ、請求に応じる義務を負わない

務執行者がその超過額（分配可能額を超える額）を会社に支払う義務を負います。ただし、業務執行者は、その職務を行うことについて過失がなければ、この支払義務を負いません。また、総株主の同意があれば、この支払義務を免除することもできます（全部免除）。一方、株主は株式買取請求権という権利を行使しているだけなので、株主には支払義務が発生しません。

欠損が生じた場合の責任

　分配可能額の範囲内で自己株式の有償取得や剰余金の配当をしても、事業年度末において、結果として剰余金の額を超えてしまった場合、業務執行者は、その超過額を会社に支払う義務を負います。

　ただし、業務執行者は、その職務を行うことについて過失がなければ、この支払義務を負いません。また、総株主の同意があれば、この支払義務を免除することができます（全部免除）。

149

4 資金調達

資金調達手段にもいろいろある

　事業を行うには、いろいろとお金（資金）がかかります。そこで、資金調達が必要になります。資金に関しては、調達源の違いにより、内部資金と外部資金に分けることができます。

　内部資金には、会社の剰余金を配当せずに事業資金として使う場合や、減価償却費（時の経過による固定資産の価値減少分を事業年度ごとに費用として計上するもの）を使う場合があります。また、剰余金として配当に回すことができる利益を配当せず、必要な時期に事業活動の資金として利用する任意積立金の制度も、内部資金のひとつとして挙げられます。

　外部資金には、借入れ、社債、新株の発行などがあります。会社法はおもに外部資金に関する規定を置いていますので、重要な外部資金による資金調達について見ていきましょう。

　企業に資金が入る経路としては、直接金融と間接金融という2つの選択肢が存在します。「直接金融」とは、株式や社債が典型例ですが、証券会社などを仲介して投資家の提供する金銭が直接的に会社に流入するしくみをいいます。これに対して、「間接金融」とは、個人や法人が金融機関の提供する金融商品（銀行預金など）に金銭を支払い、金融機関がその金銭を利用して他の会社に投資を行う（融資などを行う）場合をいいます。

借入れ・社債

　借入れとは、特定の者（金融機関など）から借金をする（融資を受ける）ことであるのに対し、社債とは、不特定多数の者

150

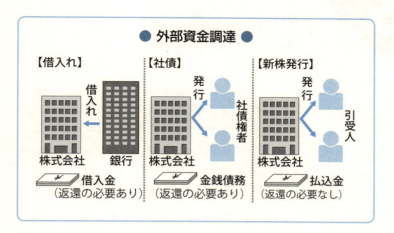

から借金をすることです。

　借入れも社債も借金であるため、利息をつけて返済する必要がある点では同じです。しかし、社債は一般に借入れに比べて利息が高く、広く資金調達ができるという性質から、借入れよりも多くの資金を集めることができます。しかし、社債は借入れとは異なり、その発行・管理などについて、後述する会社法の規制に従う必要があります。

新株（募集株式）の発行

　新株（募集株式）を有償で発行し、引受人が出資してくれれば、それを資金として活用できることになります。新株の発行による場合は、払い込まれた金銭などを会社が株主に返還する必要がないので、借金の形をとる借入れや社債よりも有利な資金調達ということができます。もっとも、新株の発行は、原則として議決権をもつ新たな株主が生まれることを意味するため、既存株主との利害関係を調整する必要があります。

151

5 社　　　債

社債とは

　会社が不特定多数の者から借金をすることを社債といいます。そして、社債を引き受けた者のことを社債権者と呼びます。もっとも、社債権者は株主ではありませんので、議決権を行使するといった権利は認められません。

　多額の資金を必要とする場合、他に新株を発行することが考えられますが、既存株主の議決権割合に影響を与えるとともに、株価の低下をもたらす可能性があることから、社債を発行するほうがよい場合もあります。

　社債は、おもに不特定多数人を対象として発行されます。そのため、多数の債権者（社債権者）を一括して保護する必要があります。そこで会社法は、社債権者を保護する制度として、社債管理者や社債権者集会の制度を用意しています。

　なお、新株予約権付社債というものがあります。これは、新株予約権に社債としての機能をもたせ、会社の業績に応じて、株価が上昇している場合には、新株予約権を行使して、社債権者は株主になることができます。その後に株式を譲渡して値上がり益を得ることもできます。

・社債管理者

　社債管理者は、社債について弁済を受けたり、債権を保全するために必要な一切の行為をする権限をもちます。社債管理者になる資格をもつのは、一般的に銀行や信託銀行などです。

　社債管理者は、会社法の規定や社債権者集会の決議に違反した場合には、社債権者に対して損害賠償責任を負います。

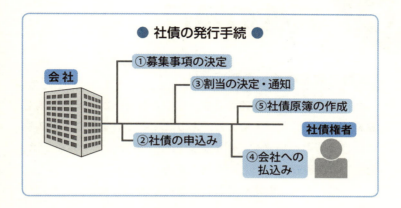

・社債権者集会

社債権者集会の招集権者は、会社と社債管理者であり、必要がある場合や社債総額の 10％以上の社債をもつ社債権者の請求があった場合に招集されます。社債権者集会では、会社法に関する事項や社債権者の利害に関する事項を決議します。

社債の発行手続

社債の発行手続は、基本的に新株発行の手続と似ていますが、割当てを受けると払込みをしなくても社債権者となることが、払込みを必要とする株主との相違点です。

① 会社は、社債の募集事項（社債の総額、各社債の金額、利率、元本・利息の支払方法や期限など）を決定します。
② 申込者は、会社に書面を交付して、住所・氏名、引き受ける社債の金額・数などを明らかにして申込みをします。
③ 会社は、割当てを受ける者を決定し、その内容を通知します。
④ 割当てを受けた者は、会社に払込みをします。
⑤ 社債原簿を作り、社債等に関する事項を記載します。

6 新株の発行

新株（募集株式）の発行とは

　会社設立後に資金調達の必要が生じた場合、新たに出資者を募集して株式を交付する方法があります。これを新株（募集株式）の発行といいます。引受人が会社に出資した金銭などは、会社に返済義務がないという利点があります。

　そして、会社法が定める新株の発行には、①会社が新たに株式を発行する場合と、②会社が処分する自己株式の引受人を募集する場合があります。①は発行済株式総数が増えるのに対して、②は発行済みの自己株式を手放すだけなので、発行済株式総数が変わらない点で違います。会社が新株を発行する場合は、取締役会決議で募集事項（株式の数・種類・払込金額など）を決定します。ただし、非公開会社の場合は、株主総会で募集事項を決定します。

　新株の引受人を指定することを割当てといいます。新株の割当てには、株主割当て、第三者割当て、公募発行の３つの方法があります。まず株主割当てとは、既存株主に新株を引き受ける権利（新株引受権）を与えて新株を発行することです。

　次に第三者割当てとは、特定の第三者（既存株主であるか否かは問いません）に新株引受権を与えて新株を発行することです。第三者割当てを用いる例として、会社の50％を超える株式を取得して会社支配権を獲得しようとする敵対的買収の予防策として、経営陣に友好的な引受人（ホワイト・ナイト）に株式を引き受けてもらい、経営体制を維持する場合があります。

　そして公募とは、広く一般の人々に募集して、新株を引き受

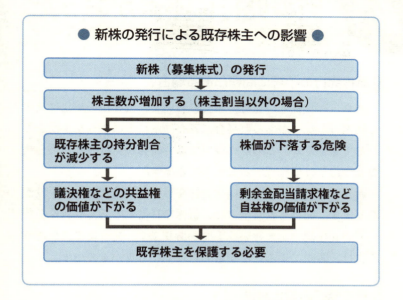

けてもらうことで、新株を発行する場合です。

新株の発行と既存株主の関係

　第三者割当てや公募によって新株を発行すると、既存株主の会社に対する持分割合が減ります。たとえば、1,000株中の10株をもっていたところ、200株の新株が発行された場合、自己の持分割合は100分の1から120分の1に減ります。また、新株の発行価格によっては、株価が下がることもあります。

　そこで、既存の株主を保護するため、前述のように非公開会社の場合は、募集事項の決定に株主総会の特別決議が必要です。公開会社の場合は、取締役会で募集事項を決定しますが、払込金額が引受人（第三者）にとって特に有利な金額である場合（有利発行）には、株主総会の特別決議が必要です。

7 新株発行に不備があった場合

新株発行の手続に問題がある場合

　新株（募集株式）発行の手続において、会社法の規定に反する問題（瑕疵）があった場合、既存株主はどのような手段をとれるでしょうか。この点については、新株が発行される前と後の2つに分けて整理することができます。

　新株が発行される前には、新株発行の差止請求という手段があります。発行された後には、新株発行無効の訴えや新株発行の不存在確認の訴えという手段があります。発行後に違反を争うには、訴訟によることが求められている点が重要です。

新株発行の差止請求

　新株発行の差止請求とは、新株発行によって損害を受ける可能性のある株主が、会社に対して新株発行を止めるように請求する手段です。新株発行が、①法令・定款に違反する場合であるか、②著しく不公正な方法による場合に認められます。

　①の「法令・定款に違反する」とは、法令や定款で定めている必要な手続を欠いていることを意味します。たとえば、発行可能株式総数を超えて株式を発行しようとする場合などが挙げられます。②の「著しく不公正な方法」とは、たとえば、経営者が会社に対する支配力を強化するため、自分の関係者にだけ新株を割り当てようとする場合などのことです。

新株発行無効の訴えと新株発行不存在確認の訴え

　新株発行無効の訴えとは、新株発行がなされた後、新株発行

第5章 ■ 会社の会計・資金調達

● 新株発行の不備を争う手段 ●

新株発行の効力発生前の手段

・法令・定款違反、著しく不公正な方法による発行で、株主が損害を受けるおそれ → **新株発行差止請求**

新株発行の効力発生後の手段

・手続・内容に重大な違反 → **新株発行無効の訴え**

・新株発行の実体がない → **新株発行不存在確認の訴え**

の内容や手続に重大な違反があることを理由に、既存株主が訴えによって、会社を被告として、発行済みの新株の効力を否定する手段です。たとえば、会社が定款に定めていない種類の株式を発行した場合などが挙げられます。訴えを提起できるのは新株発行後1年以内（公開会社は6か月以内）です。

　無効事由については、本来は訴えによるまでもなく、いつでも誰でも無効を主張できます。しかし、株式が発行されることで、新たに株主になる者や、その者から株式の譲渡を受ける者など、利害関係者が多数に及ぶ可能性があります。そこで、法律関係を明確化するためにも、訴えによってのみ、新株発行の無効の主張を認める制度が採用されているのです。

　新株発行不存在確認の訴えとは、そもそも新株を発行したという事実が認められない場合に、既存株主が訴えによって、新株発行の事実がないことを確認してもらう手段です。たとえば、新株発行の手続や払込みの事実がないにもかかわらず、その旨の登記だけがあるといった場合などがこれにあたります。

157

8 新株予約権

新株予約権とは

　新株予約権とは、その権利をもつ者（新株予約権者）が会社に対して株式の交付を請求できる権利のことです。つまり、将来的に権利を行使することで、会社から株式の交付をしてもらえる権利のことです。

　新株予約権について、会社は権利行使期間と権利行使価格を定めて募集を行い、募集に応じた者の中から新株予約権を割り当てる者を決定します。新株予約権者は、株価を見て最も有利な時点で権利行使をして、会社に株式の交付を請求できます。その際、払込みをする権利行使価格よりも市場の株価の方が高値である場合、その差額が新株予約権者の利益です。

　会社が新株予約権を発行する目的として、会社の資金調達目的もありますが、その多くがストック・オプションとして用いられます。つまり、自社の役員や従業員に新株予約権を与えると、権利行使価格と株価との差額が役員などの儲けとなるため、株価が上がればそれだけ役員などの儲けが増えるのです。

　その他、敵対的買収（経営陣の同意を得ないままなされる会社の買収）への防衛策としても機能します。新株予約権を友好的株主（ホワイト・ナイト）に発行し、買収を仕掛けられたときに友好的株主が権利行使をすることで、友好的株主の割合を増やし、敵対的買収を防ぐというものです。

新株予約権の発行と既存の株主の保護

　第三者割当てや公募による新株予約権の発行の場合、権利行

第5章 ■ 会社の会計・資金調達

● 新株予約権とその発行手続 ●

【新株予約権の発行目的】

資金調達

ストック・オプション

会社の役員や従業員が無償・低価格で新株予約権の発行を受け、株価上昇時に権利行使することで利益を得ることが可能

敵対的買収への防衛策

敵対的買収を仕掛けられたときに、新株予約権の発行を受けた友好的株主に権利行使をさせ、友好的株主の割合を増やす

【新株予約権の発行手続】

非公開会社…株主総会の特別決議が必要

公開会社…【原則】取締役会決議
　　　　　　　【例外：有利発行の場合】
　　　　　　　　　　株主総会の特別決議が必要

使がなされると、株式の交付が行われるため、既存株主の持分割合（特に議決権の割合）が減少します。また、発行価格が適切でない場合には、既存株主との間で不公平が生じます。

　そのため、非公開会社では、新株予約権の発行についても、新株発行の場合と同様に、募集事項を株主総会の特別決議で決定しなければなりません。

　一方、公開会社でも新株発行の場合と同様に、取締役会で募集事項を決定するのが原則ですが、新株予約権を割り当てる際の払込価格が、引受人にとって特に有利な金額である場合（有利発行）には、株主総会の特別決議が必要です。たとえば、特定の第三者を対象に、無償で新株予約権を発行する場合には、特に有利な金額による発行として、株主総会の特別決議を必要とし、取締役がその理由を株主総会で説明しなければなりません。

159

9 ストック・オプション

ストック・オプションとは

　ストック・オプションは、新株予約権の一種ですが、特に「Employee Stock Options」を意味することが多いようです。つまり、自社の取締役等（取締役、執行役、従業員など）に対して新株予約権を与えるというものです。

　一般的にストック・オプションは、取締役等に対するインセンティブ報酬（業績向上が報酬の価格に直接影響を与えるような報酬システム）といわれており、業績向上のための「やる気」を与えるという意味があります。新株予約権の権利行使の際に取締役等が支払う権利行使価格は、あらかじめ定められた金額です。そして、権利行使価格と株価との差額が取締役等の儲けとなるため、株価が上がれば儲けもより多くなります。

　そこで、自社の取締役等に新株予約権を与えることで、株価を上げること、つまり儲けを多くするという動機付け（インセンティブ）の効果が期待できます。一般的な株主は会社の経営に関心は低く、自らの出資に対する配当の多寡に多くの関心を注いでいます。一方、会社の取締役等は、株主に対する配当の多寡ではなく、日常的な事業の運営の維持と、自らの地位を守ることに心血を注いでいるのが通常です。そのため、株主と取締役等との間には、同じ株式会社に対する問題意識において、大きな隔たりがあるといえます。

　しかし、ストック・オプションは、取締役等の経営努力が株価に反映されることで、権利行使価格との差額を作り出し、自らの利益を増加させることが可能なしくみであるため、株主と

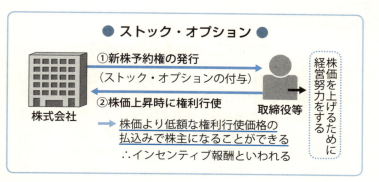

取締役等とに株価上昇という共通の問題意識を持たせ、一種の利害関係の対立を緩和させる効果があるといわれています。

また、ストック・オプションは、自社の取締役等以外の外部者に対しても発行することもできます。これは、現在は十分な報酬を支払えないが、将来的に業績向上によって株価が上がった際に、権利行使価格との差額を事実上の報酬として受けとってもらおうという趣旨で与えられるものです。

ストック・オプション発行の手続

ストック・オプションは新株予約権の一種ですから、その発行手続は新株予約権の発行手続に従います。

ストック・オプションは、特定の役員等や外部者に対して、無償や低価格で発行されるのが通常です。そのため、特に有利な金額による発行（有利発行）として、公開会社においても株主総会の特別決議を必要とし、取締役がその理由を株主総会で説明する必要が生じる場合もあります。しかし、ストック・オプションは報酬としての意味合いが強いことから、有利発行として扱われる場合は多くないといえます。

Column

「資本の部」の計算とその変動

　会社の計算書類のひとつである「貸借対照表」は、資産の部、負債の部、純資産の部の3つに分けられます。このうち「純資産の部」には、資本金や準備金などが記載されます。「資本金」とは、会社財産を確保するための基準となる一定の金額のことです。そして、「準備金」には、会社に積み立てられた利益である「利益準備金」と、株主の出資などの資本取引（資本を変動させる取引）によって生じた剰余金を積み立てる「資本準備金」があります。会社は、いつでも株主総会の決議によって、純資産の部の計数を動かすことができます。

　株主が会社に出資した額が資本金となるのが原則ですが、出資額の50%以下の額は、資本金にしないで、資本準備金とすることもできます。なお、株主に対して剰余金の配当をする場合には、配当額の10%を準備金として積み立てなければなりません。

　また、資本金や準備金の額は常に変動の可能性があるわけですが、たとえば、会社の利益すべてが株主に還元されてしまうと、会社債権者が債権を回収することが困難になります。そこで、一定の資産を会社に残すための制度が必要になります。会社法は、資本金・準備金の増減には原則として株主総会決議が必要であると規定しています。特に資本金の額の減少を行うときは、株主総会の特別決議が必要です。そして、資本金・準備金の額の減少を行う場合は、官報に公告し債権者に催告（通知）しなければならず、催告で示した一定期間内に、債権者が資本金・準備金の額の減少に異議を述べたときは、会社は原則として債権者に弁済したり、相当の担保をつけたり、信託会社などに相当の財産を信託する必要があります。

第6章

組織再編

1 組織再編行為

組織再編行為とは

組織再編行為とは、会社組織の結合・分離などにより、会社の基礎の変更を伴う行為のことです。

たとえば、市場シェア（市場占有率）を拡大するため、国際競争力の強化を図るため、新規分野に参入するため、不採算部門を処分して効率性をあげるためなど、さまざまな目的から組織再編行為が行われます。特に会社法は、異なる種類の会社間における組織再編を認めているという特徴があります。たとえば、組織再編のひとつとして、株式会社と合名会社（持分会社）の合併なども可能です。なお、会社法には組織再編という言葉は出てこないことに注意が必要です。

組織再編行為は大きく2つに分類できます。1つは既存の株式会社が他の株式会社の権利や義務を引き継ぐ形で行われる再編行為であり、吸収合併や吸収分割などが挙げられます。もう1つは、組織再編により新たな株式会社が設立されるタイプの編成行為であり、新設合併や新設分割などが挙げられます。

会社法は、次のような組織再編制度を用意しています。

① 事業譲渡等

会社の全部または一部の事業を譲り渡すのが事業譲渡、譲り受けるのが事業譲受けです。その他、事業全部の賃貸や経営の委任、損益共通契約（他の会社と事業上の損益全部を共通にする契約）などをまとめて「事業譲渡等」といいます。

② 合併

2つ以上の会社を契約によって1つの会社に合体させること

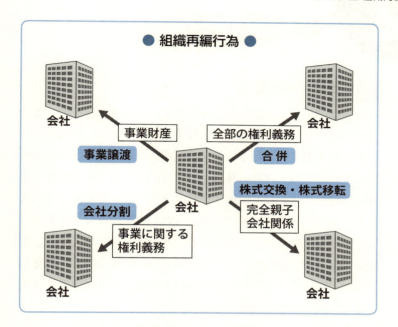

です。既存の会社に取り込まれる場合（吸収合併）と、新たな会社を設立して1つになる場合（新設合併）があります。

③ 会社分割

会社の事業に関する権利義務の全部または一部を他の会社に引き継がせることです。既存の会社に引き継がせる場合（吸収分割）と、新たな会社を設立して引き継がせる場合（新設分割）があります。

④ 株式交換・株式移転

株式交換・株式移転は、完全親子会社の関係を作るための制度です。既存の会社との間で完全親子会社の関係を作るのが「株式交換」で、新たに設立した会社（完全親会社）との間で完全親子会社の関係を作るのが「株式移転」です。

2 事業譲渡

事業譲渡（営業譲渡）とは

　事業譲渡とは、会社の事業の全部または一部を譲渡することです。この「事業」とは、一定の事業目的のために組織化された機能的な財産（ゴーイング・コンサーン）のことをいいます。たとえば、土地・建物、機械・器具といった形のある財産（事業用財産）だけでなく、顧客情報やノウハウなどの形のない財産も「事業」に含まれるのです。なお、事業譲渡は事業を他の会社に移転させる点で、後述する会社分割と似ています。しかし、事業譲渡の場合は、たとえば譲受人が事業に関する債務を引き継ぐ際に債権者の同意を得なければならず、当然に債務を引き継ぐ会社分割と区別されます。

　事業譲渡が行われた場合、譲渡会社は競業避止義務（⇨ P.81参照）を負います。なぜなら、譲受会社が譲渡を受けても、同業者として譲渡会社が事業展開を行っていれば、譲受会社の新規分野への進出を阻害する結果となるからです。このような規制があるので、会社が新しい事業展開を考えている場合、ゼロからスタートするのでなく、進出しようとしている事業分野について、すでに充分な実績がある会社から事業譲渡を受けると、競合他社が少ない状態で事業進出を行うことが可能になります。

株主総会の特別決議が必要になる場合

　譲渡会社は事業の「全部」または「重要な一部」（譲渡会社の純資産額の 20%超のもの）を譲渡する場合に、譲受会社は事業の「全部」を譲り受ける場合に、それぞれ株主総会の特別

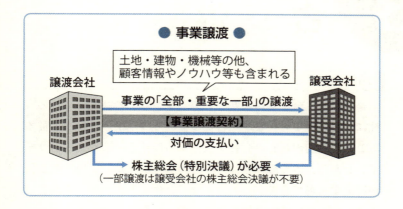

決議による承認が必要です。

ただし、ある会社が他の会社の総株主の議決権の90％以上をもっている場合、ある会社を特別支配会社といい、特別支配会社の意思に反する決議となる余地がほぼないため、他の会社の株主総会決議は不要です（略式組織再編）。

取締役会設置会社の場合は、事業の全部または重要な一部の譲渡・譲受けが「重要な財産の処分・譲受け」に該当することから、取締役会の決議による承認が必要になります。

事業譲渡に反対する株主には、株式買取請求権が認められます。ただし、事業全部の譲渡に関する株主総会決議で同時に解散の決議をした場合には、株式買取請求権が認められません。

事業譲渡と同じ手続が必要になる行為

事業全部の賃貸、事業全部の経営の委任、損益共通契約などについても、事業全部の譲渡・譲受けと同様、株主総会の特別決議による承認が必要で、反対株主には株式買取請求権が認められます。また、略式組織再編行為も認められます。

3 合　併

合併とは

　合併とは、合併契約に基づいて、2つ以上の会社が1つの会社になることをいいます。合併には、2つ以上の会社が合併することで、別の新しい会社を設立する新設合併の形式もあります。しかし、多くの場合は、一方の会社が存続し、他方の会社が消滅する形で合併が行われる吸収合併の形式が用いられています。以下では吸収合併を念頭に置いて説明していきます。

　吸収合併が行われると、存続会社が合併により消滅する会社（消滅会社）の権利義務をすべて引き継ぎます（包括承継）。また、合併は株主に重大な影響を与える行為なので、合併に関わるすべての会社において、原則として株主総会の特別決議による承認が必要です。そして、消滅会社の株主には、合併対価として存続会社の株式などが交付されます。

　なお、存続会社が交付する合併対価が純資産額の20％以下の場合は、存続会社の株主総会決議が不要であり、また、ある会社が特別支配会社の場合は、事業譲渡と同様、他の会社の株主総会決議が不要です（略式組織再編）。

債権者保護手続

　合併に際しては、特に業績の悪化している会社を消滅会社とすることも多く、存続会社においては、株主だけでなく債権者にとっても重大事です。そのため、合併に異議のある債権者は、会社に対して異議を述べることができます。債権者が異議を述べたときは、その債権者を害するおそれがない場合を除き、会

168

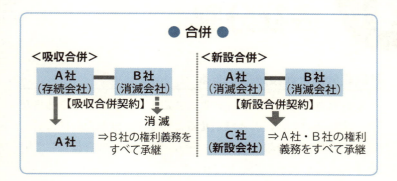

社はその債権者に返済したり、相当の担保をつけたり、信託会社などに相当の財産を信託しなければなりません。

吸収合併の対価の柔軟化と三角合併

　吸収合併の対価として消滅会社の株主に交付する存続会社の株式は、たとえば「消滅会社：存続会社＝１：1.3」という比率（合併比率）に基づいて割り当てられるので、端数調整のために株主に金銭が交付される場合があります。つまり、合併の対価として、存続会社の株式以外のものを交付することも可能で、これを対価の柔軟化といいます。対価の柔軟化により、次のような吸収合併も可能です。

　まず、吸収合併の際に、消滅会社の株主に金銭だけを交付することができます（交付金合併）。存続会社の既存株主の持分割合に影響を与えない点が特徴です。

　次に、吸収合併による消滅会社の株主に対し、存続会社の親会社の株式を交付することができます（三角合併）。これにより、親会社は実質的に消滅会社を吸収合併したのと同じ効果を得られます。

4 会社分割

吸収分割と新設分割がある

　会社分割とは、ある会社の事業に関する権利義務の全部または一部を他の会社に引き継がせることです。既存の会社に引き継がせる形式が吸収分割です。一方、新たな会社を設立して引き継がせる形式が新設分割です。

　会社分割の目的として、会社の中で採算がとれない事業（不採算事業）を分割して切り離すことで、経営の合理化を図る場合や、特定の事業について会社間で取引を行うために用いられる場合などがあります。

　会社分割が行われると、分割会社の事業に関する権利義務の全部または一部が、新設会社（新設分割の場合）や承継会社（吸収分割の場合）に移転します。分割会社自身や分割会社の株主には、対価として新設会社や承継会社の株式などが交付されます。

　会社分割をするには、吸収分割の場合は、分割会社と承継会社との間で吸収分割契約を締結し、新設分割の場合は、分割会社が新設分割計画を作成しなければなりません。そして、吸収分割契約に関しては分割会社と承継会社において、新設分割計画に関しては分割会社において、それぞれ株主総会の特別決議による承認を受けなければなりません。ただし、事業譲渡や合併の場合と同様、会社分割に際して株主総会決議が不要となることがあります（略式組織再編・簡易組織再編）。

　さらに、会社分割に反対する株主には、株式買取請求権の行使が認められます。

第6章 組織再編

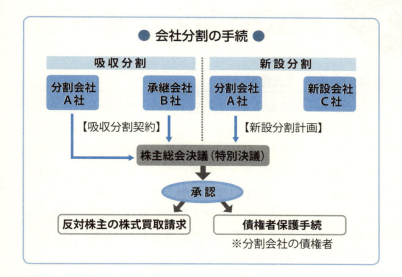

債権者保護手続

　会社分割は、株主にとっても重大なことですが、債権者にとっても重大なことです。そこで会社法は、会社分割に異議のある債権者は、合併の場合と同様、分割会社に対して異議（反対意見）を述べることを認めています。

　もっとも、異議を述べることができる債権者は、会社分割によって権利義務が承継会社や新設会社に引き継がれるために、会社分割後に、分割会社に対して自己の債権について支払いなどを請求できなくなる債権者に限定されています。

　そして、債権者が異議を述べた場合には、その債権者を害するおそれがないときを除いて、分割会社は、債権者に返済したり、相当の担保をつけたり、信託会社などに相当の財産を信託したりしなければなりません。

5 株式交換・株式移転

▌株式交換・株式移転とは

　株式交換・株式移転は、完全親子会社（親会社が子会社の発行済株式の100％をもつ関係）を作るための制度です。「○○ホールディングス」という完全親会社（この株式会社は「純粋持株会社」とも呼ばれます）を頂点とし、複数の完全子会社が連なる企業グループを形成する目的などで用いられます。

　既存の会社との間で、完全親子会社関係を作るのが株式交換です。つまり、ある株式会社が他の既存の会社に対して、発行済株式の全部を引き継がせることにより行います。

　これに対して、新たな会社を作り、完全親子会社関係を作るのが株式移転です。株式移転においては、新たに設立される会社（新設会社）に対して、既存の株式会社の発行済株式をすべて引き継がせます。

　株式交換・株式移転が行われると、完全子会社の発行済株式の全部が完全親会社に移転するので、完全子会社の株主には、対価として完全親会社の株式などが交付されます。

▌株式交換・株式移転の手続

　株式会社は、株式交換の場合には、他の既存の会社との間で株式交換契約を締結し、株式移転の場合には、株式移転計画を作成しなければなりません。そして、株式交換契約や株式移転計画について、関係するすべての会社において、原則として株主総会の特別決議による承認を受けなければなりません。

　ただし、株式交換の場合には、事業譲渡・合併・会社分割の

第6章 組織再編

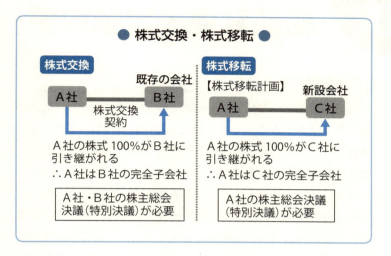

場合と同様、株主総会決議が不要になることもあります（略式組織再編・簡易組織再編）。一方、株式移転の場合には、株主総会の特別決議が不要になる例外がありません。

さらに、株式交換・株式移転に反対する株主には、株式買取請求権の行使が認められています。

債権者保護手続は原則不要

株式交換や株式移転では、会社財産に変動が生じるわけではないため、他の組織再編行為とは異なり、会社債権者の保護に関する手続は原則として不要です。ただし、対価として完全親会社の株式以外のものを交付する場合など、例外的に債権者が異議を述べることができる場合があります。この場合に債権者が異議を述べたときは、その債権者を害するおそれがないときを除いて、会社は債権者に返済し、相当の担保をつけたり、信託会社などに相当の財産を信託しなければなりません。

6 組織変更・定款変更

組織変更とは

組織変更とは、会社としての同一性を維持しながら、他の会社形態に変更することです。株式会社を持分会社（合名会社・合同会社・合資会社）にすることもできれば、持分会社を株式会社にすることもできます。

なお、持分会社同士での会社形態の変更、たとえば、合名会社から合同会社への変更は、組織変更にはあたりません。合名会社から合同会社への変更は、すべての社員を有限責任社員とする旨の定款変更を行えばできます。もっとも、持分会社が定款変更をする場合は、総社員の同意が必要です。

会社が組織変更をするためには、組織変更計画を作成しなければなりません。そして、この組織変更計画を開示した後、総株主（株主会社の場合）や総社員（持分会社の場合）の同意を得る必要があります（持分会社の組織変更の同意については、定款で別段の定めができます）。

総株主・総社員の同意を得られた場合には、組織変更計画で定めた効力発生日に、組織変更がなされることになります。

そして、組織変更に異議のある債権者は、会社に対して異議を述べることができます。債権者が異議を述べた場合は、その債権者を害するおそれがない場合を除いて、会社はその債権者に返済をするか、相当の担保を提供しなければなりません。

定款変更とは

定款変更とは、会社成立後に、会社の根本ルールである定款

第6章 ■ 組織再編

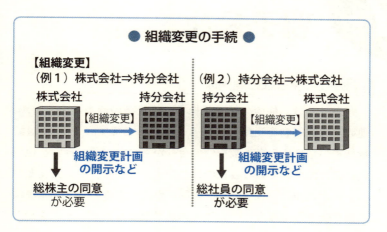

の内容を変更することです。たとえば、株式の譲渡制限に関する規定を新設したり廃止したりする場合や、発行可能株式総数を増減させる場合に定款の変更が必要になります。なお、注意しなければならないのは、定款変更の効力は、必要な株主総会決議を受けた時点で生じるということです。つまり、定款の書面を変更することは、定款変更の効力とは無関係です。

　株式会社が定款を変更するには、原則として株主総会の特別決議が必要です。ただし、株式全部の譲渡に会社の承認を必要とする旨の定款を定める場合には、株主に与える影響が特に強く、より株主の保護を強化する必要性が高いことから、議決権をもつ株主の半数以上で、かつ、議決権の3分の2以上の多数による株主総会の特殊決議が必要です。また、非公開会社が剰余金配当請求権、残余財産分配請求権、株主総会の議決権について、株主ごとに異なる取扱いをする旨の定款を定める場合には、総株主の半数以上で、かつ、議決権の4分の3以上の多数による株主総会の特殊決議が必要です。

175

7 親子会社

親会社と子会社の関係は

親会社とは、他の会社の総株主の議決権の過半数をもつか、他の会社の経営を支配している会社のことです。子会社とは、総株主の議決権の過半数を他の会社がもつか、その経営を他の会社に支配されている会社のことです。つまり、ある会社と他の会社との間に「親子会社」の関係が成立するのは、①議決権の過半数をもつ場合、②議決権の過半数はもたないが、支配が及んでいる場合の2つが考えられます。

親子会社においては、子会社側に少数株主が残っている場合に、親会社の利益を優先して子会社の経営が行われた結果、少数株主や子会社の債権者の利益が侵害される場合があります。その場合、子会社の株主や債権者は、前述した「取締役の第三者に対する責任」をその取締役などに対して追及できますが、親会社の側にも責任追及をしたいところです。

そこで、子会社の実質的な責任者である親会社の側に対する責任を追及するため、子会社の陰に潜んでいる親会社への責任追及を可能とする理論が主張されています（法人格否認の法理）。また、親会社の取締役を子会社の「事実上の取締役」とみなし、その者に対して「取締役の第三者に対する責任」を追及できるとする見解もあります。

子会社による親会社株式の取得

ある会社と他方の会社が親子会社の関係にあるとき、子会社は、原則として親会社の株式を取得できません。親会社が子会

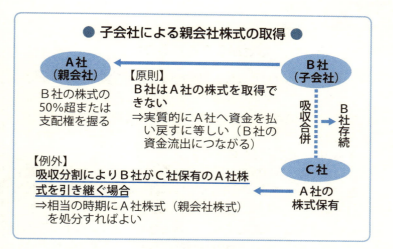

社の株式を取得する際に、子会社に出資した資金が親会社に払い戻されることになるからです。ただし、子会社が合併や会社分割などを行う場合は、例外的に相手方の会社がもつ親会社の株式を取得できます。この場合、子会社は相当の時期に親会社の株式を処分しなければなりません。

持株会社

　総資産の50％超が子会社の株式の取得価額である会社を持株会社といいます。持株会社には、自ら事業を行うとともに、他の会社の株式保有も目的とする場合（事業持株会社）もあります。しかし、自ら事業を行わず、他の会社の支配権を握ることを目的とする場合（純粋持株会社）が現在の主流です。

　純粋持株会社の形態は、純粋持株会社を頂点とするグループ企業を形成するために用いられることが多く、純粋持株会社は「○○ホールディングス」という名称が一般的です。

Column

なぜM&Aをするのか？

　本文でとりあげた会社の組織再編行為は、実際にはさまざまな場面で利用されています。その１つに企業買収が挙げられます。企業買収とは、会社がある事業を他社から買い受けることをいいます。一般にM&Aと呼ばれています（Mergers And Acquisitions」の略です）。

　M&Aを行う具体的な手段として、たとえば、被買収会社を吸収合併するという方法が挙げられます。また、相手方がM&Aに対して一定の理解を示し、合意に達することができれば、事業譲渡に応じてくれる場合もあります。以上の方法は、買収先の会社の資産を物理的に取得するための手段といえます。

　これに対して、M&Aは一般に経済用語として用いられる言葉ですので、買収先の会社の資産を直接取得するのではなく、支配権を掌握することによってM&Aを成し遂げようとする場合もあります。たとえば、買収しようとする会社が相手方の会社の支配権を得るために十分な数の株式譲渡を受ける場合や、株式交換の手法を用いて、買収先企業の完全親会社になって経営を支配するという方法が挙げられます。

　会社がM&Aを行う理由としては、たとえば新たな分野への事業進出や事業の拡大が挙げられます。会社がまったく新たな事業に進出する場合、その事業についてノウハウをもっていないのであれば、すでにその事業で一定程度の成功を収めている会社を買収することで、早期にノウハウを取得でき、事業での成功が見込めるため、経営手法として有益な方法であるということができます。もっとも、まったく経営方針が異なる企業がM&Aを行う場合には、特に買収される企業側からの反発が強いというデメリットもあります。

第7章

会社をめぐる
その他の法律や制度

1 解　　散

解散とは

解散とは、会社としての一生を終了させる原因となる事実のことです。会社に解散原因が生じたとき、会社はその一生を終えるため、会社に関する一切の権利義務を処理し、残った財産を株主に分配する手続（清算手続）に移行します。解散によって直ちに法人格が消滅するわけではなく、原則として清算手続を終了した時に法人格が消滅することになります。

また、最後の登記をしてから12年を経過した株式会社を休眠会社といいます。事業の実体がなく、存続させておく意味がないため、一定の手続により休眠会社を解散させることができます。これを休眠会社のみなし解散といいます。

株式会社の解散原因は、①定款で定めた存続期間の満了、②定款で定めた解散事由の発生、③株主総会の決議（特別決議）、④合併による会社の消滅、⑤破産手続開始の決定、⑥解散命令・解散判決です。

①②③⑥の場合は清算手続が行われます。一方、④の場合は存続会社に権利義務が承継され、⑤の場合は破産手続が行われることから、清算手続が行われません。

裁判所の命令や判決で解散する

会社の解散命令とは、社会的に見てその存立を許すことができない会社について、裁判所が解散を命じるものです。会社は法令の定める手続に従いさえすれば設立できるため（準則主義）、形だけの会社や犯罪の温床となるような会社が設立され

第7章 ■ 会社をめぐるその他の法律や制度

● みなし解散 ●

会 社 ⇒ 解散原因が生じた場合に解散する【原則】

ただし… 最後の登記後12年経過した会社で、
事業の実体がない場合【休眠会社】

法務大臣 → 2か月以内に登記所に事業を廃止
していないことを届け出るよう公告 → 休眠会社

2か月以内に届け出をしない場合
⇒ 休眠会社は解散したものと扱われる

みなし解散

ることがあります。そこで、不法な目的による会社設立や、法令違反行為・犯罪行為の継続などが認められる場合に、法務大臣、株主、社員、債権者などの申立てに基づいて、裁判所が会社の解散を命じることができます。

また、業務執行が著しく困難で会社に回復できない損害が生じているなど、やむを得ない事情がある場合、総株主の議決権の10%以上の議決権か、発行済株式の10%以上の株式数をもつ株主が解散判決を求める訴えを提起できます。

会社の財産に関する保全処分

解散命令の申立てがなされた場合、裁判所は、決定をするまでの間、会社財産の管理を命じるなど必要な保全処分（財産を確保するための手続）を命じることができます。その際、裁判所は、会社財産の状況の報告や管理の計算を行う管理人を選任しなければなりません。管理人は、裁判所の監督の下で、会社との関係では委任関係に立ち、会社に対して善管注意義務を負う他、会社から報酬を受けることができます。

181

2 清　算

解散後の後始末を行う

　会社が解散すると、原則として、その後始末として清算という手続を踏む必要があります。会社は解散後すぐに消滅するのではなく、解散前に形成された会社の権利関係を処理した上で、会社に残った財産（残余財産）を株主に分配することになります。そのための手続が「清算」です。

　会社が解散して清算の手続に入ると、以後その会社は事業活動ができなくなりますが、清算の手続が終了するまでは、まだ生き残っている状態にあります。

清算人とは

　株式会社が解散すると、取締役はその地位を失いますが、清算株式会社（清算手続中の株式会社）の清算人となるのが原則です。清算人とは、清算手続を実際に進める者のことで、清算に必要な業務執行を行い、清算株式会社を代表します。清算株式会社には少なくとも1人の清算人を置かなければなりません。なお、大規模な会社の清算においては、3人以上の清算人によって清算人会が設置されることもあります。

　清算人は、継続中の事務や取引を完結させ（現務の結了）、債権の取立てや債務の弁済をしてから、残余財産の分配などを行います。これらすべての業務が終了し、株主総会において決算報告が承認されると、決算手続も完結（結了）し、株式会社の法人格が消滅します。その後、2週間以内に決算手続完結（結了）の登記を行わなければなりません。

第7章 ■ 会社をめぐるその他の法律や制度

● 清算手続の種類 ●

解散原因のある株式会社 ➡ 清算手続が完了するまで
清算株式会社として存続

株式会社

┬ 会社財産で債務の完済が可能 ➡ **通常清算**

清算人 ➡ 現務の結了、債権の取立て、
債務の弁済、残余財産の分配

└ 会社財産で債務の完済が不可能 ➡ **特別清算**

清算株式会社

①清算の手続に著しい支障がある場合
②会社に債務超過の疑いがある場合

➡ 裁判所の監督の下での清算手続

通常清算と特別清算がある

　株式会社の清算手続には、裁判所の監督に服さないでなされる通常清算と、裁判所の監督の下でなされる特別清算があります。通常清算の場合は、まず前述した現務の結了を行います。そして、弁済期の到来した会社の債権の取立てを行い（金銭以外の財産は換価されます）、会社の債務を弁済します。最終的に会社の手元に残った残余財産は、原則として株式数に応じて株主に分配されます。

　これに対して、特別清算は、①清算の手続に著しい支障がある場合や、②会社に債務超過の疑いがある場合に、清算人などからの申立てに基づく裁判所の命令によって行われます。裁判所の監督に服する手続となるため、清算人の権限が制約されます。たとえば、一定額以上の財産の処分には裁判所の許可が必要になります。

3 株主代表訴訟

株主代表訴訟とは

　取締役の違法行為を是正・抑制する手段は、違法行為の差止請求や解任請求の訴えなどもあります。しかし、**株主代表訴訟（責任追及等の訴え）**は、民事訴訟法上の非財産権上の請求に関する訴えに該当するため、訴訟の目的の価額は一律160万円となっていて、手数料も安い（1万3,000円）ことから、取締役の違法行為を是正する有力な手段のひとつです。

　株主代表訴訟とは、株主が会社に代わって取締役の違法行為の責任を追及する訴えのことです。本来、取締役の違法行為については、会社が責任を追及する訴えを提起すべきですが、同僚意識があるため、なかなかそれも期待できません。そこで、会社に代わって株主に訴えの提起を認めることにしたのです。

　株主代表訴訟に必要な訴訟費用（上記の手数料など）は、最終的には敗訴した側が負担します。しかし、弁護士費用は訴訟費用に含まれないため、株主は勝訴しても自己負担が原則です。これでは費用の面から株主代表訴訟を躊躇することになりかねませんので、会社法は、株主代表訴訟に勝訴した株主が負担した弁護士費用などについて、相当と認められる額の範囲内で会社に請求することを認めています。

　株主代表訴訟は、次のような要件を充たす場合に提起することができます。

① **取締役の違法行為**

　取締役の違法行為から会社に損害が生じ、取締役が損害賠償責任（任務懈怠責任など）を負う状況にあることが必要です。

第7章 ■ 会社をめぐるその他の法律や制度

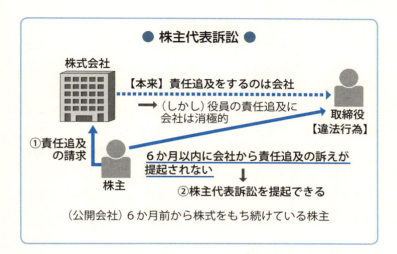

② 訴えを提起できる株主

1株の株主でも権利行使ができます（単独株主権）。ただし、公開会社の場合には、原則として6か月前から株式をもち続けている必要があります（定款により要件を引き下げることは可能です）。また、株主が株主代表訴訟を提起した場合、原則として訴訟係属中は、株主であり続けることが必要です。

③ 会社への責任追及の請求

株主は、直ちに株主代表訴訟を裁判所に対して提起できるわけではありません。あくまでも、会社自身によって取締役の責任追及が行われるのが原則です。

そのため、株主は、まず会社に対し書面などで、取締役に対して訴えを提起するように請求しなければなりません（提訴請求）。この請求から60日以内に訴えが提起されない場合、提訴請求をした株主が株主代表訴訟を提起することができます。ただし、会社に回復することができない損害が生じるおそれがあ

る場合は、すぐに訴えを提起できます。

　会社は訴えを提起しない場合、その理由を提訴請求をした株主に書面で通知しなければなりません。

④　株主に「悪意」がないこと

　株主代表訴訟は、会社の利益のために行われるものですから、株主に「悪意」がある場合は、訴えが却下（門前払い）されます。たとえば、不当な個人的な利益を追求する目的がある場合、会社に対する個人的な恨みをはらす目的がある場合、取締役に責任がないのを知りながらあえて訴訟を提起する場合などに「悪意」があると判断されます。

株主代表訴訟の効果

　株主代表訴訟は、基本的に会社の利益のために、会社を代表して提起されるものであるため、判決の効果は会社に及ぶことになります。取締役に賠償金の支払いを命じる判決が出ても、株主ではなく、会社が賠償金を受け取ることができるだけです。

　前述したように、勝訴した株主は、弁護士費用などのうち相当な範囲内の額の支払いを会社に対して請求できます。他方、株主は敗訴しても、上記の「悪意」がある場合を除き、会社に生じた損害を賠償する責任はありません。なお、判決の効力が会社にも及ぶ関係で、同一の事実に基づき、再び取締役の責任を追及するため、会社が取締役を被告として責任を追及するための訴えを提起することは認められません。

なれあい訴訟の防止

　株主と取締役がなれあいで訴訟を起こし、和解するのを防ぐため、会社法は「訴訟参加」と「再審の訴え」を設けています。

第7章 ■ 会社をめぐるその他の法律や制度

① 訴訟参加

　株主代表訴訟を提起したとき、株主は会社に対して、訴訟が係属したことをすぐに通知しなければなりません。これを「訴訟告知」といいます。訴訟告知の趣旨は、会社に対して訴訟に参加する機会を保障することです。

　訴訟告知を受けた会社は、株主代表訴訟が提起されたことをすぐに公告するか、他の株主に通知しなければなりません。その後、会社や他の株主は途中から訴訟に加わることができます。これを訴訟参加といいます。ただ、訴訟手続を遅らせる場合や、裁判所に過大な事務負担がかかる場合には、訴訟参加が認められません。

　会社が訴訟に参加する場合、通常は原告である株主側に立って訴訟に参加することになります。株主は会社の利益のために、会社が責任追及をすべき問題について、会社に代わって取締役の責任を追及する訴えに出ているからです。

　しかし、株主が会社を妨害する目的で、株主代表訴訟を行う場合も少なからずあります。この場合は、株式会社は取締役を勝訴させるため、被告である取締役の側に立つことが認められます。もっとも、会社が被告側に訴訟参加を行う場合には、監査役設置会社においては監査役（監査等委員会設置会社では監査等委員、指名委員会等設置会社では監査委員）の同意を得なければなりません。

② 再審の訴え

　株主と取締役が示し合わせた上で、会社の権利を害する目的で判決を得た場合には、会社や他の株主は、裁判のやり直しを求めることができます。これを再審の訴えといいます。

187

4 多重代表訴訟

多重代表訴訟とは

　会社法は、1つの株式会社内部だけではなく、親会社・子会社の関係にある株式会社における責任追及等の訴えの制度も用意しています。これを多重代表訴訟といいます。

　多重代表訴訟（特定責任追及等の訴え）は、最終完全親会社の株主が、子会社の取締役の責任を追及する制度です。なぜ多重代表訴訟が認められるのかというと、親会社と子会社は資本関係を基本とする強力な結びつきがあるため、仮に子会社の取締役が子会社に対して損害を与えているのであれば、それは子会社の経営に影響を与えるとともに、ひいては親会社の株主の利益にまで影響を与える可能性が高いといえるからです。

　したがって、多重代表訴訟を提起できるのは、問題となっている子会社の最終完全親会社の株主に限定されます。最終完全親会社とは、直接・間接に子会社の株式をすべて（100%）保有している親会社であって、他の会社の子会社になっていない場合（つまり最上位の親会社）をいいます。たとえば、次ページ図でAがBの株式を100%保有し、BがCの株式を100%保有する場合に、AがCの最終完全親会社となります。

　そして、最終完全親会社の株主のうち、6か月前から引き続き総株主の議決権の100分の1以上の議決権か、発行済株式の100分の1以上の株式を持つ株主のみが、多重代表訴訟を提起することができます。つまり、多重代表訴訟を提起する権利は、株主代表訴訟が単独株主権（1株でも持っていれば権利行使が可能な株主権）であるのとは異なり、「100分の1」という議

第7章 ■ 会社をめぐるその他の法律や制度

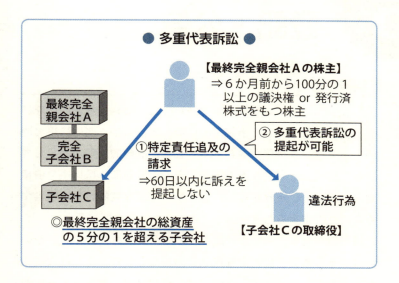

決権や発行済株式の数に制限がある少数株主権（権利行使にある程度まとまった株式数が必要な株主権）だということに注意が必要です。

なお、非公開会社の場合には、「6か月前から」という株式保有期間の制限がないことは、株主代表訴訟の場合と同様です。

また、多重代表訴訟も直ちに提起可能なわけではなく、まず子会社に対して提訴請求を行い、60日以内に子会社自身が取締役に対して訴えを提起しない場合に、提訴請求をした株主が多重代表訴訟を提起することが可能になります。

さらに、多重代表訴訟が認められる目的は、企業グループにおける比較的大規模な子会社における重大な違法行為について、グループの頂点に立つ完全親会社からの責任追及手段を認めることです。そのため、最終完全親会社の総資産の5分の1を超える子会社に対してのみ、多重代表訴訟を利用できます。

5 登記・公告

情報開示とは

　情報開示（ディスクロージャー）とは、会社の経営内容など
を公開することです。情報開示は第一義的には、明確に事実関
係を示すという機能があります。また、財政的基盤が確立して
いない株式会社も少なからずあるため、情報開示は株主や債権
者だけでなく、投資家などにとっても重要な判断材料を提供す
るという役割をもちます。

　情報開示制度の中でも、広く一般に公開されている登記や公
告による情報開示は、会社の経営内容などを知る上では大変便
利なものだといえます。昨今では、登記一般にオンライン化が
進んでおり、データ上で登記情報を取得することも可能である
ことを押さえておきましょう。

登記と公告

　「登記」とは、一定の事項を広く知らせる公開の帳簿への記
載・記録を指します。登記事項は、会社の実態を把握する重要
な資料であり、会社に出資を予定している者や、その会社との
取引を検討している相手方、会社債権者などは、登記事項の提
供を求めることができます（会社の登記は、所定の手続に従う
ことにより、原則として誰でも取得できます）。

　会社設立の際には、会社の目的、商号、本店（本社）・支店
（支社）の所在場所、資本金の額、発行可能株式総数、取締役
の氏名、代表取締役の氏名・住所などを登記しなければなりま
せん。これらの登記事項に変更があった場合は、その変更の登

第7章 ■ 会社をめぐるその他の法律や制度

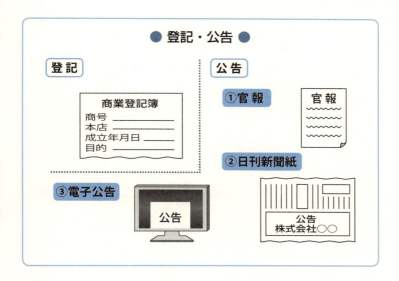

記が必要です。さらに、組織変更、合併、分割、解散などがあった場合も、そのことを登記しなければなりません。

このような登記事項は、登記した後でなければ、事情を知らない第三者に対して、その事実の存在を主張することができません。また、故意（わざと）や過失（不注意）によって真実と異なる登記をした者は、それが真実でないことを、事情を知らない第三者に主張することができません。

一方、「公告」とは、株主や会社債権者に対して、広く特定の事項を知らせることです。会社の公告方法としては、①官報への掲載、②時事に関する事項を掲載する日刊新聞紙への掲載、③電子公告の３つがあります。会社は、定款で公告方法を定めることができますが、定めない場合は、官報による掲載を公告方法とすると会社法が規定しています。

ピンポイント会社法

2018年6月29日　第1刷発行

編　者　　デイリー法学選書編修委員会
発行者　　株式会社　三省堂　代表者　北口克彦
印刷者　　三省堂印刷株式会社
発行所　　株式会社　三省堂
　　　　　〒101-8371　東京都千代田区神田三崎町二丁目22番14号
　　　　　電話　編集（03）3230-9411　　営業（03）3230-9412
　　　　　http://www.sanseido.co.jp/

〈ピンポイント会社法・192pp.〉

©Sanseido Co., Ltd. 2018　　　　　　　　　　　Printed in Japan
落丁本・乱丁本はお取り替えいたします。

> 本書を無断で複写複製することは、著作権法上の例外を除き、禁じられています。
> また、本書を請負業者等の第三者に依頼してスキャン等によってデジタル化する
> ことは、たとえ個人や家庭内での利用であっても一切認められておりません。

ISBN978-4-385-32025-0